STEFANIA SOLDATI

AMARE DAL RIDERE

Come Raggiungere Il Benessere Emozionale e Ritrovare La Via Della Felicità Col Metodo Smile Style

Titolo

"AMARE DAL RIDERE"

Autore

Stefania Soldati

Editore

Bruno Editore

Sito internet

http://www.brunoeditore.it

Fotografia

Credit: GDfoto - Roma di Giampaolo d'Arpino

Sommario

A tutti quelli che mi hanno donato un pezzo del loro cuore
(e forse non lo sanno) e
A tutti quelli che sono andati oltre,
facendomi sorridere.
Ai miei Angeli Custodi, splendidi registi
e messaggeri di questi doni meravigliosi.

A chi non si dimentica mai di amare e di ridere.
A te lettore, augurandoti di amare e ridere più che puoi.

Prefazione

Cercavo una vita che valesse la gioia – e non la pena – di vivere. Così ho sperimentato il potere di Ridere e quindi di Amare da "Vivere", riscrivendo al contrario il famoso detto.

Ho riso così tanto da ritornare a vivere e così ho capito che chi ride ti sta insegnando ad amare. Il sorriso è la chiave che apre le porte del cuore e chi dona un sorriso regala sé stesso e ti sta mostrando cos'è l'amore. Ridi e ama e donati, sperimenterai il potere di Ridere da vivere e quindi di Amare da rinascere.

Offri il tuo sorriso a chi lo ha perso e ti accorgerai che gli stai donando il tuo cuore. Ridere è amare, ma insieme diventano la forza dell'universo, quindi ama tanto e ridi spesso e i miracoli accadranno.

A te che leggi.
Desidero che questo mio manuale sia per te un libro di

"letteracura", ovvero di pagine la cui lettura ti farà bene, uno di quei libri che curano l'anima perché contengono le proteine emozionali per la tua crescita interiore, da assumere con costanza e senza controindicazioni, per la guarigione delle tue più antiche ferite emotive.

Pensi che la felicità sia essere ricchi e potenti? Non vedi quante persone, che apparentemente hanno tutto ciò che è materiale, in realtà non sono felici? Allora ti chiedo: vuoi essere ricco e potente o vuoi essere felice? Io voglio essere felice e per questo faccio scelte consapevoli ogni istante della mia vita. E scelgo la felicità.

Prima di cominciare.
Non è egoismo essere felici, ma lo è l'essere tristi, perché se siamo felici possiamo essere il più bel regalo per chi ci sta accanto.

In questa storia ci sono io, ma potresti esserci tu, perché è la storia di chi non vuole arrendersi e decide ogni giorno e ogni momento di continuare a credere nei propri sogni, perseverando e con la certezza che prima o poi diventeranno realtà.

Questo libro lo devo a tutti coloro che ho e che ho avuto accanto e alle situazioni problematiche in cui mi sono trovata, ma soprattutto lo devo a me stessa e alla ferma e salda convinzione che un Amore smisurato per la Vita porti sempre la vittoria del Bene e della Luce.

E ringrazio soprattutto i miei dolori, le mie sofferenze, le mie difficoltà e tutto ciò che ha tentato di ostacolare il mio cammino, perché è proprio grazie a tutto questo che ho potuto arrivare fin qui: cresciuta, forte, consapevole e centrata, felice di festeggiare la gioia di chi continua a credere alla forza del Bene.

Ringrazio Te, lettore che passeggi tra le mie parole, con il desiderio che siano per te preziose pillole di fiducia, massaggi alla tua anima ferita, abbracci amorevoli al tuo *bambino interiore*.

Per me sei Tu il mio regalo più grande, nella speranza che questo libro sia per te un dono utile, che ti accompagni e ti sostenga e ti sia amico, mentore, sostenitore e *coach* di una felicità ritrovata e ogni giorno conquistata, ma con il sorriso.

Che la Risata sia con te, sempre, anche quando intorno è buio, anzi sarà proprio nel buio che risplenderà ancora di più.

Con Amore Incondizionato.

Stefania

Introduzione

Il Metodo Smile Style
Sorridi e tutto cambia.
Perché una goccia di allegria
può colorare un mare di tristezza

Se il mondo ti sembra brutto, diventa bello tu. Se vedi tutti tristi, dona tu per primo un sorriso. Se la vita ti sfida, falle un dispetto e sorridile, falle pure l'occhiolino e magari la convinci.

Il 6 dicembre del 2018, in occasione del mio compleanno, ho ricevuto un biglietto che è lo specchio del mio atteggiamento: *Il Sorriso è l'arma più potente contro ogni male, è la chiave che ti apre le porte dell'Amore e del Successo. Sorrisi alla vita con l'animo gioioso di un bambino e vedrai aprirsi intorno a te un mondo pieno di Amore e di grandi Successi.* Mamma

Ero senza parole, perché ho letto in quello scritto esattamente le parole che ripeto sempre e a tutti, anche a chi incontro in ascensore, ma scritte da mia madre! Lei, cui da sempre recrimino il fatto che, sul suo bellissimo viso, troppo raramente vedo sorgere un bel sorriso.

Questo è stato un vero miracolo per me: che una persona posata e scettica come lei si sia convertita alla mia filosofia *Smile Style*!

Se questa idea ha toccato pure lei, allora la risata rende possibile l'impossibile. Sono fiera del mio insistere sui benefici e i vantaggi che porta con sé la *modalità sorriso* (come la chiamo io) e il cambiamento di mia madre è la prova che il mio Metodo funziona: la mia prima e inconsapevole allieva ora è convinta che ridere aiuti molto di più di quanto possiamo immaginare.

È la magia che la risata porta con sé, travolgendo chiunque con il suo disarmante potere di conquista e avvolgendolo in un incantesimo di benessere totale. Vuoi provarlo anche tu?

Comincia con il pensare che i miracoli sono dappertutto, basta vederli. Sono le speranze, i doni quotidiani, i gesti inaspettati.

Sono numerosi e stanno racchiusi nelle piccole gioie di ogni giorno. Prima di iniziare però chiudi gli occhi e pensa che proprio tu sei il primo meraviglioso miracolo! Splendido frutto della vita.

Allora sorridi e ricordati di amarti sempre e di parlare a te stesso come stessi parlando a una persona cui vuoi tanto bene. Ama e custodisci te stesso come faresti con un neonato. Te lo devi. Il *bambino interiore* che è dentro di te se lo merita e ne sarà felice.

Inizia così la tua più bella storia di amore, quella con la persona più importante della tua vita, che sei tu. Quando diventerai vero amico di te stesso, vedrai che non sarai mai più solo.

Oggi pullulano testi di psicologia positiva e teorie sul benessere soggettivo e ne siamo attratti sempre più numerosi perché hanno come obiettivo la nostra felicità e l'essere noi, insieme alle energie dell'Universo, i co-creatori del nostro destino.

Questo aumenta la fiducia in noi stessi e nel nostro potere di disegnare liberamente l'architettura della nostra vita.

In queste filosofie io mi rispecchio, ma ci sono due parole che rappresentano la chiave che apre la porta alla nostra felicità: Amore e Sorriso. Permettimi allora di diventare la tua coach di sorrisi, con gentilezza e tanto amore.

Avvicinati a questo Metodo come a un manuale di stile: di bellezza, eleganza, gentilezza, ma soprattutto di amore senza condizioni, perché un sorriso è un'inaspettata carezza al cuore di chi lo riceve.

Ricorri a questo "sistema di vita" maneggiandolo con le ali del Cuore, perché è nato dentro di me come un manuale d'Amore Incondizionato: verso ognuno e ogni cosa, ma innanzitutto verso te stesso.

Vivi sempre con sentimenti sinceri, fai ogni cosa con animo puro e ama sempre e nonostante tutto. Vedrai che quando apri il cuore, inizi a stare meglio tu per primo, poiché quando ami spegni il tuo *Ego* e non hai bisogno di dimostrare più niente a nessuno, visto che tu vali già così come sei.

Quindi ama e fallo più che puoi e agisci senza più dubbi e indecisioni, perché l'amore non va predicato, ma va vissuto e donato senza riserve e gratuitamente.

Prima però comincia con l'amare te stesso, con l'accettarti e il benedirti. Non sarai capace di ascoltare, apprezzare e amare sul serio nessuno finché non avrai parlato al tuo Cuore, amato il bambino che sei stato e recuperato ogni parte di te. Solo allora potrai volare alto verso sentimenti puri per te e per gli altri.

Impara ad amarti e inizierai a sorridere sempre, indipendentemente dalle circostanze esterne. Così coccolerai e appagherai la tua anima, che si sentirà libera di esprimersi nella sua versione più autentica.

Il mondo è di chi lo rende un posto migliore e con questo allenamento potrai diventare la differenza, quel qualcosa di invisibile che si respirerà nell'aria. Ti auguro con tutto il mio cuore di adottare questo Metodo per contribuire ad aumentare e spargere bellezza, ricchezza emozionale, gioia e infinito amore puro.

E tutto questo porterà il tuo nome, perché siamo il risultato di quello che facciamo, nelle piccole come nelle grandi cose. E donare sorrisi e amore è una piccola cosa, ma ha un valore immensamente grande.

Presentazione del Metodo Smile Style

In questo metodo illustro un modo pratico per costruire la tua felicità: scultori di noi stessi e del nostro destino di successo con gioia.

All'interno troverai in dono degli esercizi di *fitness felice*, che potrai anche personalizzare e, per caricarli di gradevolezza fin dal loro primo approccio, li ho chiamati suggestivamente ***Delizie di Smile Style***. Cibatene a volontà e pensa a divertirti mentre li fai, come se stessi giocando inebriato dall'allegria di un bambino.

Essere davvero felici si può, basta allenarsi. Pratica questo allenamento costantemente e grazie a esso potrai imparare ad essere gioioso e amorevole sempre, indipendentemente dalle situazioni esterne. Gli altri non avranno più potere sulle tue emozioni, solo tu potrai decidere come vorrai sentirti: sarai tu il vero e unico autore della tua vita e del tuo destino.

Ti spiegherò i motivi e i modi attraverso i quali potrai perseguire innanzitutto uno stato di benessere continuo. Se vuoi intraprendere questa via verso un successo duraturo e senza sforzo, nella vita e nelle relazioni, sarà fondamentale che tu sorrida.

Il sorriso dovrà trasformarsi per te da un'emozione occasionale al tuo *habitus* interiore, naturale e costante. Ti guiderò affinché trasformi il *sorriso* da un sostantivo a un verbo (inteso come comando automatico), un modo stesso di essere, attraverso passi concreti per farlo diventare qualcosa di vivo e vitale.

Il mio scopo è che per te il sorriso passi dall'essere un momento effimero e passeggero a uno stabile modo di vivere, grazie all'allenamento costante di nuove abitudini, fatte di amore e positività. Devi essere tu stesso il tuo sorriso ed emanare la tua gioia sempre e a tutti.

Del resto è con le azioni che si dimostrano le parole: *la quercia chiese al mandorlo "parlami di Dio" e il mandorlo fiorì* (Nikos Kazantzakis). Come i fiori, anche tu, nel tuo tragitto lascia il profumo delle tue buone azioni e spargi amore ovunque passi, perché di dolore è già piena la terra e a lamentarti risulteresti comune e banale. Distinguiti. Fai la *differenza, aggiungi* te stesso nella tua parte migliore.

Questo metodo ti insegnerà a planare sulle situazioni e al contempo entrare nel cuore delle persone in modo gentile, ma con carattere, perché sarai originale e unico. Cospargerai tutto con la gioia del tuo sorriso, ergendoti al di sopra della *normalità*.

Sì, perché le persone normali possono lasciare un segno, quelle speciali sono capaci di accendere un sogno.

Dona sempre il tuo sorriso che per molti è una chimera perché hanno dimenticato di averne uno. In tal modo donerai la tua parte più bella, quella che profuma di vita. Però sorridi di cuore e potenzia le tue risate con l'entusiasmo e così sarai la Forza che possiede solo chi pratica l'amore puro e incondizionato ed è contento di donarlo e donarsi al mondo, per colorarlo di vibrazioni felici e amorevoli.

Quali abiti vesti quando decidi di diventare una persona vincente con il Metodo Smile Style? Indossa il tuo obiettivo.

Desideri raggiungere la felicità e l'amore? Allora incidi il tuo segno più bello nella vita degli altri, lascia la tua impronta d'amore, conquistandoli con l'arma più invincibile ed elegante: vestiti del tuo sorriso e sfoggerai un abito che tutti ammireranno, orgogliosi di seguire il tuo stile. Si accorgeranno che lo possedevano, ma l'avevano lasciato a impolverarsi nell'armadio.
Lo tireranno fuori di nuovo, lucidandolo, felici di averlo riscoperto grazie a te.

Il sorriso è la nostra fondamentale porta d'accesso, quella del cuore. Regalare un sorriso è donare la più semplice e pura forma d'Amore. Per questo scegliere di sorridere è scegliere di amare.

Il più grande successo che puoi ottenere? Che quando qualcuno, pensando a te, sorrida. Perché in quel sorriso c'è un'incredibile e straordinario scambio di amore.

Chi ci sorride o ci fa sorridere ci abbraccia con un sentimento aperto e gioioso. Però ricordiamoci di sorridere a noi stessi prima che agli altri e di amare noi stessi, prima che gli altri. Con un sorriso succede, ma troppo spesso aspettiamo che siano gli altri a farlo prima di noi.

Sorridere è amare l'altro, ma soprattutto noi stessi.

Quanto vi amate? Ve lo siete mai chiesto? O vi dimenticate di voi stessi perché troppo impegnati nella quotidianità pressante? Anziché fuggire dai nostri specchi psicologici, per paura di vedersi imperfetti o inadeguati e non piacersi, ripartiamo da noi stessi e ricordiamoci di amarci.

Quando sorridi non hai nulla da aggiungere. Il tuo obiettivo prioritario è quello di essere felice, allora indossa la felicità e sorridi: in ogni momento e situazione. Ridendo ti libererai dalle catene dei blocchi del pensiero depotenziante e dallo stress che ti consuma e attrarrai doni straordinari. Indossa il tuo miglior sorriso e preparati a ricevere!

Nell'epoca attuale i mass media ci fanno respirare un'atmosfera grigia e pesante e siamo talmente abituati ad avere pensieri negativi che, se ti vedono sorridere, diffideranno di te, prendendoti per folle o destabilizzante. Desterai curiosità o preoccupazione.

Oggi non c'è niente di così sospetto come la felicità e le persone che sorridono sono i veri rivoluzionari, ma voglio pensare che sempre più persone si alleneranno alla risata e il mondo alzerà le energie complessive.

Prima di tutto impara il *must* assoluto, che è base portante del metodo: fai che la risata sia la tua fedele e migliore compagna. Impara a sorridere e allenati a ridere più che puoi: esercitati e sorridi sempre.

Il sorriso dona una magica leggerezza, quella sensazione di benessere di cui abbiamo bisogno per vivere la vita fino in fondo e per permetterle di sorprenderci ogni istante. Il sorriso apre il cuore e permette di accendere una magia capace di fare miracoli.

Sorridere è aprirsi, essere disponibili, generosi, positivi.
La vibrazione dell'ottimista affascina e la risata ti renderà molto

attraente. Sarai un arcobaleno tra le nuvole grigie dei pensieri della gente cupa. Il tuo sorriso non deve luccicare e abbagliare, bensì illuminare e riscaldare i cuori spenti.

Viviamo in un momento storico in cui la vera tragedia non è la morte, ma una vita senza sorrisi, amore e sogni: morire dentro mentre siamo vivi. Ecco perché devi spazzare via la tristezza, il rancore, la rabbia, i risentimenti, le mancanze. Puoi invitare questi sentimenti ad andare via, per fare spazio ai colori, alla luce, alle emozioni alte.

E quando ridi innalzi la tua energia. Donando a te e agli altri sorrisi e risate, realizzerai quello che è il miracolo più grande: che altri si rispecchieranno in te e cominceranno a sorridere a loro volta.

Questo sarà il tuo distintivo più nobile e il dono più prezioso per chi ti incontrerà perché, attraverso il sorriso, aprirai le porte del cuore, delle emozioni belle e dell'amore. Ma dovrai imparare a selezionare i tuoi pensieri e accogliere solo quelli positivi perché i buoni pensieri ti faranno gentile e la gentilezza ti addolcirà l'anima, che verrà alimentata da sentimenti di bene e tutto si rispecchierà sul tuo volto.

I tuoi buoni sentimenti ti renderanno bello. Sì, perché la bellezza è dentro e il sorriso ne è il maggior ingrediente.

Il sorriso diventerà il tuo DNA.

Tu stesso sarai *sorriso*, con una risata che addenta la vita e la gusta divertita. Sarò felice di vedere il tuo viso illuminato da una luce diversa, quella della tua nuova Risata, che stavolta è consapevole perché emessa da ogni tua cellula, ma soprattutto dal cuore.

Il tuo **abbigliamento** migliore sarà quel tuo **Sorriso** che sta bene con tutto, avvolto in una sciarpa di dolcezza, che abbraccerà innanzitutto te. Questo è l'Amore, quello per te stesso prima di tutto e poi per gli altri. Solo quando ti *vestirai* di **Amore**, quello vero, sincero, gratuito e incondizionato, allora potrai essere tranquillo di indossare uno stile di successo.

L'amore autentico infatti ti dona **Compassione**, ti carica di pazienza e ti avvolge di infinita comprensione, che ti apre al **Perdono**. Sii tu stesso il tuo abito e vestiti di dolcezza e pazienza: sono capi che non passeranno mai di moda, anzi, più li indossi, più ti donano e non annoiano mai.

Nel tuo armadio è poi assolutamente indispensabile un altro indumento: la **Gratitudine**. Fai che la gratitudine sia il tuo mantello, perché la sua energia accelera l'abbondanza.

E più mostrerai il tuo sorriso, la tua gentilezza, la tua tenerezza, dolcezza e amore, più rivelerai la tua forza, ostinazione, determinazione, perché essere allegri non vuol dire non avere problemi, essere gentili non vuol dire essere stupidi, essere buoni ed educati non vuol dire essere poco intelligenti, bensì scegliere sempre il bello (nei modi e nei sentimenti) e soprattutto avere coraggio.

Essere dolci vuol dire essere forti e viceversa. Essere educata per me non significa avere buone maniere, bensì riscoprire la gioia della Vita e del Bello, onorandolo con gratitudine, cura e rispetto. Tutto ciò corrisponde a dimostrarsi liberi di essere sé stessi, originali, affascinanti, di stile.

Vivi a pieno ogni attimo del tuo **Presente** ed entra così in una percezione del tempo dilatata e al contempo alleggerita. E **sii più felice che puoi**, spargendo questa energia nell'intero Universo che, in base al fenomeno della **Risonanza**, te ne restituirà altrettanta, mettendo in moto la **Legge d'Attrazione**.

Preparati a diventare "grande", ma con la potenza che hanno i **bambini**. Questa è la magia del metodo. Come il suo ingrediente principale (il sorriso), apparentemente piccolo, che fa cose grandi, così diventerai tu. Sarai "grande" perché il vincente non è chi vede *tutto* in grande, ma chi reagisce *a tutto* in grande.

E vincerai il mondo, ma soprattutto te stesso e le tue **paure**. Preparati a festeggiare i tuoi successi e la tua trasformazione in persona positiva e felice sempre e comunque.

Indossa il coraggio di amarti, per essere te stesso e di vivere la tua felicità. Sii il tuo sorriso, conserva sempre il cuore puro, sospendi il giudizio e vivi con tutto l'amore che puoi. **Smetti di giudicare**.

Quando giudichi qualcuno, stai vedendo e giudicando in lui quella parte di te che non accetti o che non è ancora guarita. Allora, anziché preoccuparti di correggere gli altri, correggi prima te stesso.

E cerca ogni spunto per farti trascinare in tutti i modi dall'entusiasmo della gratitudine: **Divertiti, Gioca, vivi intensamente ogni istante e stupisciti**. Ubriacati di gioia e **Leggerezza** e spargi la tua meraviglia nell'Universo.

Sarai un'anima libera e lascerai un segno positivo nel mondo, perché donerai un inconfondibile senso di benessere a tutti quelli che ti incontreranno e che avvertiranno le tue energie positive. Tu stesso riceverai tanti doni, ma soprattutto vivrai una vita che ispirerà gli altri perché sarà un'esistenza di pienezza e felicità.

Ricorri sempre alla formula magica per eccellenza: **sii Semplice**, ma soprattutto **Semplifica** ogni cosa. Ridurrai lo spreco inutile di energie e stress e tutto ti sembrerà più bello.

Attraverso il mio metodo desidero farti apprezzare la **Bellezza** della vita e riscoprire quanto tu sia speciale. Tu vali molto, ma ti hanno fatto dimenticare che, solo esprimendoti al cento per cento e nella tua vera essenza, potrai ricondurre te stesso a vivere nel posto dove niente ti è impossibile.

Tenerezza e **Gentilezza** non sono debolezza o disperazione, bensì espressione di determinazione e di forza. Amare è decidere di fare del bene in ogni momento e situazione e questo è un atto di fermezza e in alcuni casi di grande coraggio.

E questa è forza vera. C'è enorme differenza tra l'essere prepotente e avere carattere e si chiama "educazione" che poi è rispetto e gentilezza.

Sono stata sempre una persona educata, ma dopo aver subito angherie e aggressioni verbali di ogni sorta da chi fa della propria arroganza un vessillo, ho cominciato a indossare la moda di questa società: più fai il furbetto e il cafone, più sei intelligente e *smart*.

Un giorno, però, in preda a uno scontro verbale colossale con una persona particolarmente aggressiva, tanto da sentirmi male fisicamente, ho percepito che, tutta quella tensione, faceva male a me per prima.

Allora ho deciso di tornare ai valori con cui sono stata cresciuta perché, anche se oggi appaiono anacronistici e persino ridicoli, ho constatato che la calma destabilizza l'interlocutore più della rabbia, che un sorriso disarma più di un'espressione arcigna, il silenzio urla più di un'offesa e non ci arreca danno né alla salute, né all'immagine.

Se non reagisci con la rabbia salvi due persone: te e l'altro. Ora sono innamorata del mio essere fuori moda perché ritengo che essere educati è avere stile e lo stile, quello vero, non tramonta mai, anzi vince sempre e su tutto, con equilibrio, come la ieraticità di un'architettura classica. E credo che, prima o poi, l'educazione e la gentilezza torneranno di moda e salveranno il mondo.

Ricordati soprattutto di benedire sempre la Vita, apprezzandone e sfruttandone ogni attimo. Allora riscopri e onora il valore del

Subito, che ti darà la spinta a buttarti nell'esistenza senza più esitazione e diventerà il trampolino di lancio con cui superare le tue paure, **rovesciando la prospettiva** e **liberandoti del peso del giudizio altrui**. Infine, ma soprattutto, **apri la mente agli eventi e accogli sempre tutto come una grande occasione**.

Impara quindi ad essere flessibile e disposto al **Cambiamento** perché alle volte è proprio quello che tanto temevamo, o che mai avremmo immaginato, a costituire il nostro colpo di fortuna.

Amare dal Ridere, in una parola, è **Resilienza** quindi **Successo**, perché è quando cominci a Ridere che Amare diventa una cosa seria.

Amare dal Ridere, perché… chi ti sorride ti insegna ad amare

> *Due cose ci salvano nella vita: amare e ridere.*
> *Se ne avete una, va bene. Se le avete tutte e due, siete invincibili.*
> Tarur Tejpal

Come mai questo titolo? Per concepire una formula vincente, nata dall'unione dei due sentimenti più vigorosi e al contempo lieti, godibili e deliziosi che, soprattutto se simultanei, sono capaci di donare nuova vita alla vita e addirittura guarire, facendoci risorgere da qualunque sventura e persino più felici e solidi di prima.

L'Amore è l'energia più potente e sbalorditiva che esista, persino in grado di compiere miracoli; anche Einstein lo dichiarò. La risata è un dono magico alla portata di tutti.

Ama e ridi. La vita che vale la gioia (e *non* la pena) di vivere deve essere un divertente viaggio d'amore: amore verso gli altri, ed è meraviglia, amore verso te stesso, ed è spiritualità.

L'Amore è la forma dei sogni. Ridere ne è la sostanza. Amare e ridere. Il segreto della felicità. Se ne hai solo uno, sei contento, se li hai tutti e due sarai un Potere. Se invece non li hai, allora creali tu e trasformerai la tua vita e quella delle persone intorno a te, in qualcosa di straordinario.

Ama e ridi sempre, ti ciberai dei migliori antidepressivi naturali, pure gratis. Fai partire sempre la tua giornata con un bel sorriso e apri il cuore a tutti i doni che, questo giorno nascente, sta per regalarti. Fatto questo, sarai già pronto a scrivere un'altra pagina felice della tua vita.

Ridere e amare ti aiuteranno a vivere ogni cosa con pensieri nuovi ed emozioni leggere e luminose. Buona risata, buona giornata, buona vita.

Ridi quindi ama, perché attraverso il sorriso scoprirai cos'è l'Amore.
Sorridi sempre. Ama sempre. Divertiti sempre. Sorridi comunque e nonostante tutto, indipendentemente dalle circostanze esterne.

Ama a tutti i costi, non diventare ciò che ti hanno fatto, daresti potere a chi ti ha ferito. Resta piuttosto al di sopra dei dolori che ti hanno inferto, anzi sorridi perché così ti farai il regalo più bello e riprenderai in mano la tua vita come regista: non sarai più il personaggio che vorrebbero gli altri.

Mantieni sempre accesa la tua luce e il tuo sorriso. Ciò che fai nella vita riecheggia nell'eternità, allora ridi più che puoi e metti sempre il cuore in tutto ciò che fai. Inciderai così la tua melodia più dolce che librerà nell'aria. E ricordati di divertirti, sempre e in ogni cosa che fai!

Amare e ridere: il modo più facile e gradevole per essere felici, attivare ogni cellula e bruciare calorie.

La Stefania alla ricerca della gioia.
Benché io possieda una grande vitalità, la vita fin da piccola mi ha messa a dura prova riguardo alla salute. Ho affrontato situazioni difficili e alquanto impegnative. Le ho gestite con forza e fiducia, collaborando in tutti i modi ad ogni miglior riuscita e tutti questi sacrifici mi hanno fatto affinare la sensibilità e l'apprezzamento per la vita stessa.

Il mio percorso è stato segnato da difficoltà sempre diverse, ma da queste ho imparato più di quanto avrei appreso da un'esistenza serena. Ecco perché ora benedico le mie ferite: per avermi fatto luce sulle priorità e avermi insegnato a guardare il lato positivo che sta dentro ogni cosa.

Le mie lacrime hanno disegnato la mia anima, ornandola di carezze e facendo sbocciare i miei sorrisi più belli, che oggi dono a chiunque incontro, per insegnargli che la vita è meravigliosa e vale la pena combattere per lei e assaporarne ogni attimo con immensa gioia.

Da qui nasce questo libro, dal desiderio di donare al mondo non i miei dolori, ma la felicità che ho scoperto attraverso di essi. È proprio chi ha sofferto a far di tutto per contagiare gli altri di allegria, perché se sai cosa vuol dire stare male, sei contento di aiutare le persone a non soffrire e anzi ad apprezzare ogni piccola cosa.

Partiamo dalle parole: Amare e Ridere.

Amare.

L'amore è come il respiro. Ciò che il respiro è per il corpo fisico, l'amore lo è per il corpo spirituale. Senza respiro il corpo muore: senza amore, l'anima muore (Osho).

L'Amore è tutto. Ama sempre e soprattutto ricordati di amarti.

Impara a dire: *Mi Amo* e dillo senza paura. Ripetilo a te stesso: *io mi amo, amo me stesso così come sono, sono un essere meraviglioso e pronto a donare e a ricevere amore ogni volta che posso.*

Ama e amati più che puoi e fai ogni bene possibile ogni volta che puoi. Fallo con tutto te stesso e senza aspettarti nulla in cambio perché il donare profuma di Vita al punto che, già provare amore, ti riempirà il cuore di gioia pura.

Inviati sentimenti di amore puro e incondizionato e già così proteggerai te stesso. Diventa il tuo genitore ideale e prenditi cura di te. Solo dopo potrai amare gli altri, ma devi partire da te.

L'Amore è tutto. Amare è vivere.

Noi stessi siamo frutto dell'amore, siamo amore puro, vibriamo alla sua frequenza. Per questo è così importante amare: è la nostra esistenza, la nostra stessa ragione di vita. Ecco perché l'amore è il motore di tutte le cose, la motivazione per amare la vita.

Non si può vivere senza amore, perché l'amore siamo noi. Siamo Amore ricoperti di Mente. Questa però offusca la potenza che sprigiona l'amore, ma se ami veramente ti sentirai forte e niente sarà difficile per te.

L'Amore è tutto. Siamo noi. È la Vita.
È la soluzione a tutto, la medicina migliore. Vivi sempre con amore, qualunque cosa accada. Anche se l'Amore sembra mancarti, sii tu stesso Amore e sarai il miglior regalo che farai a te stesso e a chi incontrerai.

Rendi ogni istante della tua vita un dono d'amore. Usa ogni momento per pensare il pensiero più elevato, per dire la parola migliore, per eseguire l'azione più alta (Neale Donald Walsch). Da lì vedrai cambiare ogni cosa.

Amore è la Vita stessa. Anche la parola lo dice, visto che indica una cosa contraria alla morte A-Mors (la cui A è privativa) quindi è non-morte, che è Vita.

Amore può essere amore per qualcuno, ma anche per qualcosa,

per un'arte o una realizzazione. Penso al mio amore per la musica, la danza, lo spettacolo, le arti decorative, l'eleganza, la bellezza, le amicizie, gli affetti, la natura, gli animali, gli anziani, i bambini.

Ed è Amore. Quella forza fondamentale che è Vita e che fa girare il mondo, "l'amor che move il sole e l'altre stelle", come recita l'ultimo verso del *Paradiso* della *Divina Commedia* di Dante.

L'Amore è il potere più grande. Pur parlando il linguaggio della dolcezza, ti carica della più smisurata forza interiore, che genera una prodigiosa positività e bellezza. Non è semplicemente un'emozione personale, è la maggiore energia spirituale che esista.

Va oltre il semplice atto di amare una persona, perché non è solo un sentimento, bensì una carica positiva, una forza potentissima, capace di stimolare felicità, salute e vita. Chi usa l'Amore usa il suo massimo potere.

L'Amore è infinito perché si nutre di sé stesso e nutre a sua volta chi lo prova e chi lo riceve. Quindi ama e fallo più che puoi, perché quando ami stai maneggiando il potere più grande e benefico dell'intero Universo.

L'Amore è luce e illumina chi ama e chi è amato. È magnetismo perché attrae. È potenza perché ha una forza ineguagliabile. È Vita perché moltiplica il Bene e guarisce. È il senso stesso del nostro esistere. L'Amore è il significato di tutto. L'Amore è la risposta a tutte le nostre domande.

Amare è roba da ricchi dentro. L'Amore è l'aristocrazia dello Spirito. Per questo ti invito ad amare con tutto te stesso e di conseguenza attrarrai amore. Diventerai così una persona ricca.

Il magico ingrediente di questa emozione risiede nel dare perché donando la amplificherai e ne riceverai altrettanto. Chi ama accoglie, valorizza e vede tutto bello. Chi ti ama veramente, attraverso i suoi occhi, ti fa vedere la tua bellezza e non la sua.

L'arte più nobile ed elegante è rendere felici le persone e farle sentire importanti: questo è amare davvero ed è questo che ti esorto a fare. La tua grandezza non risiede in quello che hai, ma in ciò che dai e in come fai sentire le persone che incontri. Come fanno i bambini o gli animali, mostrando un costante entusiasmo come di chi è felicemente innamorato di ogni cosa.

La ragione stessa della vita palpita e vive in tutto ciò che tu fai con amore. Ama e aiuta, questo è il senso dell'esistenza.

Ridere.
Ridere è tante cose e tutte straordinarie e benefiche. È allegria, gioia, benessere, respirare, star bene, salute del corpo e dell'anima, sport, libertà, medicamento interiore e la miglior medicina dell'anima, energia, apertura, ma è soprattutto Amore. Una risata è la distanza più breve tra due persone e chi ti fa ridere ti spalanca le porte del cuore.

Ecco perché **ridere per me è amare**. E poiché l'Amore è la ragione stessa della Vita e non si può vivere una Vita senza Amore, allora ridi ogni volta che puoi, ama con tutto te stesso e vivrai un'esistenza appagata e felice.

Ama e credici e fallo come se mai nessuno ti avesse tradito perché chi ama vince in ogni caso. Ridere è amare, ringiovanisce il cuore ed è gratis.

La risata, come l'Amore, è una magia: ti permette di essere te stesso, migliore, più calmo, sicuro di te, sciolto, rilassato, concentrato, efficiente, brillante e soprattutto felice per te e per chi ti è intorno.

Ridere è respirare, quindi vivere, ma ridere è vivere con amore e nutrire di gioia il proprio cuore. Questa è la ricetta infallibile per la felicità, che è motore del successo perché *la gioia e l'amore sono le ali per le più grandi imprese* (J.W. Goethe).

Ridere ti cambia la vita e ti fa virare verso una direzione migliore: di leggerezza, libertà, serenità, energia, salute, felicità, successo.

Ridere è amare e amare è ridere: a sé stessi, al mondo, alla vita.
Ingredienti magici e concetti cardine attorno ai quali ruota tutto il Creato, leve trainanti di ogni esistenza e situazione: l'Amore, ragione e scopo della vita stessa, e la Gioia, molecola della salute.

Non esiste, nel mio cuore, alcuna Felicità senza Amore: energie indissolubili, complementari, unite e indivisibili. Amare e ridere sono i miei gemelli diversi che non possono stare l'uno senza l'altro.

Amare è ridere e ridere è amare e questo è vivere.
La vita è un dono d'amore e per questo va scartato con cura e onorato, quindi vissuta, ma bene, con gioia e gratitudine. Per questo abbiamo il dovere di essere felici perché la Vita è il regalo più bello e già vivere è aver ricevuto la fortuna più grande.

Vivi intensamente e ama più che puoi e ricordati di ridere e tanto. Perché l'amore crea altro amore, non sofferenza, dolore o mancanza. Lo stesso vale per il sorriso e la felicità. Fallo e credici. Io ti auguro di essere felice e te lo dico con tutto il mio cuore.

E se è stata appositamente istituita una giornata dedicata proprio all'essere felici, è perché siamo arrivati a capire quanto sia importante vivere onorando questa emozione, soprattutto ai nostri tempi, bui sotto diversi punti di vista.

È dal 2013 che, per iniziativa dell'Onu, il 20 marzo si festeggia nel mondo la Giornata internazionale della felicità, ma quello che auspico a te e a tutti è che ogni giorno sia la sua festa e che venga celebrata ogni volta che possiamo, attimo dopo attimo, perché la felicità è il senso stesso della vita.

Sei nato per essere felice, non dimenticarlo e non permettere a niente e nessuno di farti distrarre dal tuo scopo. Un giorno a scuola la maestra chiese a John Lennon di scrivere cosa desiderasse essere da grande e lui: *io da grande voglio essere felice*. Lei lo apostrofò dicendo che non aveva capito il compito, lui le rispose che lei non aveva capito la vita.

Ridere è Amare.
Quando ridi fai risuonare il tuo spirito ed emani un entusiasmo autentico che crea armonia, pace e unione con il tutto. Questa è la vibrazione dell'Amore. Quando ridi tu sei Amore. E chi ti sorride ti sta insegnando l'Amore.

Il tuo dovere quotidiano dovrà essere quello di Ridere e di Amare, cose da fare assolutamente in compagnia quindi, in un'unica parola: Ridi-Amo.

Mentre ridi spargi essenza d'amore. Chi ride compie un atto sociale perché ridere è condividere. Ridendo alimenterai l'amore per te e per gli altri e innalzerai la tua Anima verso la luce e la gioia.

Amore è la via. Felicità è il segno. Luce è lo scopo (Nader Butto). L'amore, ovvero il dare, è la via per la felicità. Quando siamo felici, quello è il segnale che stiamo sulla via giusta perché tutto accade per una ragione e noi siamo arrivati dalla luce e alla luce torneremo.

Che ogni tua giornata ti inebri con una cascata di petali di felicità, tra l'amore e il sorriso. Che la luce dell'Amore vi illumini e l'energia della Risata vi spiani la strada.

Ridi ogni giorno, vivi ogni momento, ama sempre. Amare è dare vita ai sogni, ridere è il nastro che li tiene stretti perché non scappino. Amare così tanto da riuscire a ridere di ogni cosa, è la linfa che ci permette di proteggere i nostri sogni senza mai mollare.

Ama e ridi. Costruirai così una felicità costante e duratura, indipendentemente dagli eventi esterni. La gioia sarà il tuo modo naturale di essere, per cui vivrai una vita in cui non ti servirà prendere una vacanza.

Soprattutto imparerai che la felicità non deve essere pensata, ma vissuta e puoi crearla tu, non perché vivi senza problemi, ma perché sei tu a trovarla nonostante i problemi.

La vita non è fatta da quello che ti succede, ma da come tu reagisci alle situazioni. Io ho deciso che non darò mai più a niente e a nessuno il potere di scegliere per me perché la vita è mia e solo io stabilisco come disegnarla e colorarla, ovvero crearla.

Ho scelto il sorriso e lo dono anche a te con l'augurio che donare sorrisi diventerà la tua filosofia perché ridere compie miracoli.

Quando le cose non vanno come vorresti, puoi solo cambiare il tuo atteggiamento e questo cambierà tutto. Sei tu il creatore. E se la vita ti dà un motivo per piangere tu trovane altri cento per sorridere perché, se vuoi, puoi. Perdona, ama, ridi, festeggiati e vivi uno stato di perenne felicità!

Amare dal ridere: perché? È la forza della Vita e il segreto della Felicità.

Amare e ridere insieme sono una potenza assoluta e impareggiabile e creano essenze di vita pura.
Donano felicità, che è salute e la salute è forza ed è vita. Chi sorride ti sta mostrando la sua forza, quella di scegliere un atteggiamento positivo, anche a dispetto degli eventi. Essere amorevoli e donare amore non è mai debolezza, la debolezza è non amare, è non ridere, perché scegliere di sorridere è dimostrare coraggio.

Chi ama ti sta donando la sua forza perché chi è forte non ha bisogno di schiacciare gli altri, anzi li solleva. Sei forte quando perdoni chi non lo merita. Quando ami qualcuno senza bisogno di dirglielo, quando regali felicità anche se il tuo cuore è triste, quando riesci a sorridere anche se vorresti piangere.

La vita può essere dura, ma tu puoi dimostrarti un abile surfista sulle ali del Cuore, capace di cavalcare pure l'onda più potente. Ama i tuoi problemi e si dissolveranno con la forza e insieme la dolcezza del tuo amore. Ridici su e si sentiranno ridicoli da soli, tanto da darsela a gambe!

Allenati ad amare, a perdonare, a lasciare andare e prima di tutto a ridere. L'energia della risata spazza le ombre più buie e crea quel varco di luce verso il giusto cammino. Non far mancare mai nella tua vita questi due magici ingredienti: l'Amore e le Risate.

Non dimenticarlo mai. Sì, perché quando ami, sei felice e vai oltre e mentre perdoni guarisci, mentre lasci andare cresci, mentre sorridi ti ricordi di amare.

E così chiudi il cerchio, per ricominciare un altro giro e un'altra pagina, ogni volta più bella: amorosa, felice, leggera e ridente.

Amati e culla così le tue "fragilità", perché posseggono la forza dell'uragano, ma pochi ne sono capaci. Lì starà la tua grandezza e la vittoria perché, indipendentemente dalle lacrime che hai versato, la tua forza abiterà proprio in tutti quei sorrisi che riuscirai a donare nonostante tutto.

L'energia della risata, che dona amore, è felicità, che è gioia del cuore, cioè Amore, ma per amare ci vuole coraggio. Per questo essere felici secondo me, soprattutto oggi, è una forma di coraggio. Anzi direi *cuoraggio*, sì, perché ci devi mettere il Cuore, che è la ricchezza più grande.

Avere Cuore è un privilegio da ricchi ed è quel patrimonio che mai alcuno potrà rubarti, a meno che non sia tu a permetterglielo. Ecco perché dobbiamo amare sempre, come se mai ci avessero ferito, non consentendo a nessuno di farci diventare cattivi come quel dolore che ci hanno inflitto. Sii te stesso e ama sempre.

Abbi un cuore che non bada a spese e diventerai sempre più ricco perché l'amore porta altro amore, mentre rancore e odio portano aridità e solitudine.

Amare e ridere, anzi **AMARE DAL RIDERE, è il mio nuovo abito,** un vero e proprio modo di essere, un atteggiamento fisso, un orientamento stabile, che è la risposta a tutto per contrastare il mare di diffidenza e precarietà di sentimenti in cui stiamo solo navigando a vista.

Questa è la mia eudemonologia: l'arte di essere felici che parte da dentro, ma con l'intenzione di co-creare anche al di fuori di me, nella realtà, analoghe manifestazioni esteriori, grazie all'aiuto dell'Universo, pronto a rispondere e pure felicemente. L'ho sperimentato in prima persona e funziona!

La Risata che è Amore e che guarisce.
La mia storia, il seme da cui è nato questo libro.
Un sorriso può essere la distanza più breve tra due persone. È sorridendo che ho imparato ad amare - e proprio in uno dei momenti più brutti della mia vita e nonostante la situazione non lo meritasse - ma chi mi ha sorriso mi ha regalato il suo cuore, spalancandomi la sua anima felice che mi ha fatto rivedere la luce.

Era la notte di Capodanno di un anno che temevo sarebbe stato tempestoso, il 2017. I dottori qualche mese prima avevano rilevato problemi nella mia salute e per questi avrei dovuto subire un delicato intervento. Niente di seriamente preoccupante, ma l'operazione sarebbe stata importante.

In quel periodo aspettavo che i miei valori migliorassero, per poter affrontare l'eventuale massiccia perdita di sangue durante la fase chirurgica.

Ho sempre avuto un carattere allegro, ma in quel periodo c'era poco da ridere. Soprattutto ero molto debole e mi accorsi all'improvviso che, non ridendo io, nessuno lo faceva intorno a me. Avevo sempre avuto il sorriso. Ero famosa per questo, tutti me lo dicevano, ma io non me ne rendevo conto sul serio, pensavo fossero solo complimenti di circostanza.

A me sembrava che fossero gli altri a sorridere. Ebbene, in quel momento, con il mio sorriso spento, presi atto che effettivamente non avevo nessuno che ridesse vicino a me. Poiché ne avevo un bisogno vitale, un giorno ricordo che, disperata, alzai gli occhi al cielo e feci una richiesta a colui che io chiamo Dio: *ho voglia di sorridere, aiutami a trovare qualcuno che lo faccia insieme a me.*

Lo desideravo tanto. Da qualche tempo infatti avevo scoperto testi di fisica quantistica in cui si diceva che la forza che governa il mondo, e che possiamo chiamare Universo, ci ascolta e risponde prontamente alle nostre richieste. Questi libri incitavano a fare domande esplicite, come davanti a una persona, e rimanere fiduciosi in attesa di un segno.

Qualche giorno dopo quella implorazione, ricevo una mail in cui mi si invitava alla presentazione di un libro ispirato allo Yoga della Risata. Ripensai subito alla mia richiesta e capii che era la risposta dell'Universo. Avevo già avvicinato questa disciplina, ma con un altro formatore e non ne ero rimasta entusiasta.

Però, considerando quell'invito un messaggio diretto a me per via della mia domanda, decisi di andare. L'autore era Richard Romagnoli. Entrando, rimasi rapita dalla gioia vera che si percepiva nella sala grazie alla sua Risata e decisi subito di segnarmi al seminario esperienziale che si sarebbe tenuto a breve nella mia città e che già dal titolo diceva tutto: *Workshock*.

Uscii dalla presentazione già rigenerata. Mi sentivo felice e ridevo dentro di me e con tutto il mio cuore. Avevamo cominciato con risate volontarie, che poi hanno contagiato l'intero uditorio in un'unione ridente, come di un'unica essenza.

Tornando a piedi verso casa, notai l'indicazione della via attigua al locale dell'evento: era via degli Stefaneschi, che conduceva alla famosa Torre dell'omonimo casato. Quale miglior segno per me?

Era un altro messaggio mandato dall'Universo che mi diceva implicitamente: *Stefania, qui sei finalmente a casa tua, una casa dell'Anima, tra i tuoi simili, che portano il tuo nome, ma soprattutto il tuo vessillo, della risata che tocca il cuore in una carezza di gioia e amore puro.*

Sono rientrata a casa volando sulle ali della felicità mentre, tra le vie di Trastevere, mi facevo cullare dalla brezza malandrina di quella splendida serata, icona perfetta di un'incantevole ottobrata romana. Ero felice perché sentivo dentro di me che la mia richiesta era stata corrisposta. Attesi con ansia quella giornata formativa. E già vivevo l'entusiasmo di quell'esperienza.

Arrivò il giorno fatidico. Lo vissi a pieno, tra risate, momenti di commozione e abbracci immensi che toccavano direttamente il cuore, eppure eravamo degli sconosciuti. Come posso descrivere cosa ho vissuto durante il *Workshock* di Richard Romagnoli? Un frullatore di emozioni.

Una lavatrice di sensazioni, che ti centrifuga ogni cellula, ma ti fa uscire pulito. Lì lasci andare le memorie tossiche del passato, per riscrivere su di esse una nuova canzone felice, di risate e bei sentimenti. Un terremoto emozionale che ti spaventa, ma ti aggiusta.

Da quel momento la mia vita cambiò per sempre. Ne uscii rigenerata e riequilibrata. Con una gioia ritrovata e una lucidità mentale che mai avevo avuto prima. Al *desk* dei saluti mi proposero altri percorsi e decisi di frequentarli, anche se l'operazione incombeva. Ma da quel momento ricominciai a ridere.

Arrivò Natale, le feste e, naturalmente, il 31 dicembre. Il mio animo era ormai accordato all'eco delle risate, ma quella sera non avevo proprio voglia di uscire. Però avevo una festa e mi forzai. Le mie amiche non vennero, mi ritrovai sola e vedevo l'ora che arrivasse la mezzanotte per rientrare.

Era una festa danzante e non era il caso di andarmene subito. Controvoglia, ma rimasi e, mentre ballavo, fui agganciata da una comitiva di ragazzi molto simpatici. Furono le loro risate ad attirarmi. Incuriosita dall'allegria che diffondevano, ci guardammo e iniziai a ridere insieme a loro.

Da quella notte, che era già la prima alba del nuovo anno (quel magico 1° gennaio 2017), le mie risate non sono mai finite.

Danzando ho incontrato quasi per caso il mio più grande "allenatore di risate", un vero *personal trainer*, Fabio Cerchio, colui che mi ha dimostrato quanto una risata sia in grado di cambiarti la vita. Un talento naturale che mi ha fatto e mi fa tuttora fare molta pratica.

A questa però ho unito la teoria perché, dopo qualche settimana, arrivò anche il corso di *Laughter Yoga* a cui mi ero segnata per approfondire la tecnica del ridere, come metodologia di autoaiuto. Fu in quella formazione intensa, condotta dal mio eccezionale maestro di risate Richard Romagnoli, che la mia vita ha preso una direzione diversa al cento per cento.

La risata mi ha aiutata a spazzare via le nuvole della tristezza e a guarire le ferite dell'anima prima che del corpo, ma poi anche quelle, perché testa e cuore sono collegate, così come lo sono lo spirito e la materia.

Per questo adesso non mi stanco mai di dire alla gente di sorridere e di farlo più che può, perché nemmeno immagina dove possa condurre il potere di un sorriso.

Da allora non aspetto più che siano gli altri a farmi sorridere, ma sono io per prima a donare sorrisi al mondo, ovunque, sempre e a tutti i costi. A giugno venni finalmente operata. L'intervento fu particolarmente importante e la situazione fu peggiore del previsto, tanto che è stata presentata come caso di storia della medicina.

Ho sopportato una lunga stasi e forti dolori durati quanto non si può immaginare, ma non ho mai smesso di ridere, a costo di sentirmi male o di sembrare pazza. Il mio medico, il dottor Adnan Abu Samra, che per me ormai è il mio angelo custode sulla terra, pur avendo un animo positivo, si stupiva di quanto buonumore potessi dimostrare, pur non essendo in grado di muovermi per la debolezza e la febbre alta (in seguito all'anestesia e perdita ematica – l'intervento era durato 7 ore).

Poi gli parlai di Richard e di sua moglie Sara e, giorno dopo giorno, tutto l'ospedale ha iniziato a ridere insieme a me. Coinvolsi anche il personale delle pulizie, che non vedeva l'ora di entrare nella mia stanza per ridere insieme (anche se erano le 7) e far partire bene la giornata.

La risata è stata la vitamina più potente di quei mesi in ospedale. Complici i miei compagni di corso, soprattutto la mia preziosa *buddy* Gabriella Trevisiol, che mi inviava note vocali registrate di risate.

Vi potete immaginare quando ascoltavo i suoi audio, mentre

rideva anche insieme ad altri? Avete presente sentire persone che ridono a crepapelle per diversi minuti, fino a lacrimare dal ridere? Intorno a me in camera c'erano persone che, pur non avendo grandi problemi, si lagnavano ossessivamente fino a piangere. E più piangevano, più diventavano tristi anche nell'aspetto.

Io invece, che a volte non riuscivo nemmeno a respirare, ascoltavo a toni medio-alti continui messaggi sonori di persone che ridevano come matte. All'inizio i miei vicini erano disturbati, poi incuriositi, dopo un po' però ridevano pure loro e anche tutti gli altri venivano contagiati man mano in tutta la corsia.

Insomma avevo creato il panico e alla fine il coinvolgimento era totale, dell'ospedale intero. Mi conoscevano anche negli altri reparti. Ogni tanto qualcuno entrava e chiedeva dove stava "la ragazza che rideva", poi *Miss Sorriso*.

Anche il cappellano che portava la comunione, sentendo i miei audio nel corridoio, entrava e cominciava a ridere. Del resto anche al catechismo ti insegnano che "gente allegra, Dio la aiuta". Quindi era come pregare. Sì, perché il sorriso è gioia e chi possiede l'Amore e la Fiducia nella Vita è felice.

Con ostinazione ho sparso le mie risate nell'ultimo luogo ipotizzabile, dove anzi di solito spesso si piange. Per questo non smettono ancora di ringraziarmi tutti, perché quelle risate hanno curato l'animo di chi penava per sé e di chi lavorava col cuore afflitto nel vedere chi soffriva. Ecco come una risata può cambiare la vita, sia a chi la fa sia a chi la ascolta.

Il decorso della ripresa è stato lungo e faticoso. Ho sofferto, ho dovuto stare ferma per mesi, era estate e faceva molto caldo. Ed era brutto stare su un letto mentre gli altri erano al mare. Ma avevo le risate, condivise insieme ai miei compagni di studio e spesso condotte da Richard e Sara, che sono state la mia medicina più potente.

Ho anche pianto e tanto, a tratti mi sono disperata, eppure non ho mai smesso di ridere. A volte mentre piangevo tentavo a tutti i costi di ridere. Del resto anche piangere è liberatorio ed è giusto farlo, per scaricare il dispiacere.

Poi, però, come ogni alba dopo una notte buia, dalle mie lacrime spuntavano puntuali i sorrisi e questo mi ha aiutata a guarire, e bene, e a sostenere chi era intorno a me, cominciando dai dottori. Mi confidarono che erano esausti di aiutare senza mai vedere qualcuno che tirasse su loro, provati anch'essi dalla sofferenza.

Io, invece, con le mie risate, ero una compagnia preziosa. Il giorno che sono stata dimessa avevano le lacrime di gioia, ma anche di gratitudine e, quasi scusandosi, mi dissero "siamo contentissimi per te, ma egoisticamente ci dispiace non poter ancora ridere con te.

Ormai le tue risate risuonano gioiose dentro al nostro cuore e non possiamo più farne a meno. Sarà difficile per noi ora entrare nella tua camera, ma quando passeremo lì davanti, ci fermeremo e ci scapperà un sorriso".

Ho continuato a ridere tornando a Roma (ero stata operata nella *Campania Felix* come la definivano i Latini) e i sorrisi di tutti loro sono ormai incisi nelle pieghe del mio cuore e dei miei sguardi di gratitudine, quando facevo fatica anche a parlare e comunicavo solo con gli occhi, inviando tanti baci mentre mi medicavano.

Tutti dolcissimamente amorevoli con me. Anche in una malattia scopri tesori inaspettati, persone dal cuore grande e dall'umanità rara e a volte nemmeno sai chi sono e come si chiamano. Per questo ci tengo a ringraziarli uno per uno, per essere anime gentili, meritevoli di un grande inchino da parte di chi ha un pezzo di vita e tanta salute grazie a loro.

Il loro amore e le mie risate sono state il contrappunto felice alla mia guarigione e mi hanno permesso di scrivere uno spartito di vita ridente, di gioia e bei sentimenti, che adesso è il vero ricordo di quella esperienza a tratti terribile. Ho dimenticato i pianti e i dolori, le sofferenze e la disperazione. Adesso, quando mi fermo e ripenso a quel periodo, mi spuntano i sorrisi più dolci.

Avrei potuto vivere quei giorni con la tristezza interiore e conservare solo le memorie dolorose che ci sono state, invece, nonostante i problemi concreti, se ci penso mi scappa di sorridere e gli occhi si riempiono di amore puro per tutte le persone che mi hanno teso una mano mentre soffrivo.

Questa è la prova che le cose non sono come sono, ma come noi le dipingiamo e le viviamo. Potevo avere in testa un'immagine buia e angosciante di quel momento, invece vedo un quadro fatto di gioia e sentimenti belli. A tutti lo racconto come un momento felice.

Tutto dipende da noi e dal modo in cui interpretiamo le cose che ci accadono. Anche quando non sono belle, abbiamo in ogni caso la possibilità di cambiare la percezione che ne riceviamo e se non altro evitare di consumare inutilmente energie a rammaricarsi.

Ciò che ho vissuto è stato oggettivamente molto pesante, ben diverso da come lo faccio apparire. Ma la mia scelta di ridere ha alleggerito e dipinto le preoccupazioni con i colori dell'arcobaleno: un'energia positiva che ha sollevato me e i medici e i risultati finali, dando un diverso corso alla situazione, non certo tranquilla in partenza.

Aiutarsi è il primo dovere che abbiamo verso noi stessi. È umano buttarsi giù quando succede qualcosa di grande, ma dobbiamo a tutti i costi avere la forza di reagire perché è il primo atto d'amore verso di noi: donarci luce, sentimenti, coraggio e fiducia.

Ricorrere poi anche a tecniche di *self-help*, come la terapia del sorriso, è l'ulteriore passo per adottare strategie riconosciute e non sentirsi soli. E tutto questo può fare miracoli.

Capitolo 1:

Come ridere senza un motivo e perché

Il Ridere mi ha reso invincibile. Non come coloro che vincono sempre, ma come coloro che non si arrendono mai. Frida Kahlo

Entriamo nel vivo del Metodo. Ho deciso di svelarti **il mio trucco invisibile**: l'allenamento quotidiano a ridere. Ti chiedi perché lo pratico? Per sfruttare **la magia della risata**.

Allenati a ridere anche senza un motivo e presto il motivo arriverà! I vantaggi della risata sistematica sono numerosi e incredibili.

SEGRETO n. 1: ridere apporta benefici inimmaginabili e il nostro corpo produce la stessa reazione chimica sia che ridiamo per una ragione, sia che ridiamo e basta. Da qui è nata la *terapia della risata*, in base alla quale puoi ridere anche senza una causa, devi solo deciderlo e ne ricaverai grande benessere.

Ridendo ogni giorno in modo intenso e continuativo per almeno 12 minuti, si innesca un entusiasmo cellulare che attenua ansia e stress e in tal modo la nostra produttività può solo aumentare. Se poi tutto questo diventa un allenamento quotidiano allora i benefici sono più solidi e duraturi.

Ciò succede perché il cervello tende ad archiviare le esperienze e, quelle più ripetute, diventano la struttura stessa del pensiero e poi dei comportamenti, pertanto più *file* di memorie positive inserirai nella formazione della tua struttura cerebrale, più facilmente il cervello si comporterà, andando automaticamente o alla ricerca di memorie simili o alla costruzione delle stesse attraverso immagini mentali che diventeranno la tua realtà.

Ma ricorda che sono sempre le emozioni a guidare il cervello e quindi i tuoi comportamenti, per cui più emozioni positive vivi e memorizzi, più sarai portato a ripeterle.

Ridere è la cosa più naturale che ci sia e puoi farlo anche senza una ragione. Osserviamo i bambini, i nostri più grandi Maestri, soprattutto di risate. Loro non ridono per le deduzioni del pensiero logico, ma solo perché si sentono felici (quindi anche in assenza di un motivo razionale), oppure perché imitano chi ride (come capita quando vediamo qualcuno fare qualcosa, ad esempio sbadigliare).

Tutti siamo in grado di attivare la risata già solo con la fisiologia (cioè ridendo e basta), come quando facciamo sport: cominciamo a correre o a saltare anche senza la necessità di arrampicarci su un albero o di scappare da qualcuno che ci insegue.

C'è un'altra bella notizia! Il nostro corpo non distingue tra una risata spontanea e una risata indotta, cioè decisa dalla nostra volontà (dal nostro interno, ovvero quando la nostra mente decide di ridere e il nostro fisico simula tale atto) e non da un evento esterno che ci fa divertire.

Ebbene sia nella prima sia nella seconda situazione la risposta del fisico è quella di produrre gli stessi benefici effetti.

Allora non aspettare di essere felice, puoi scegliere di esserlo. È sufficiente che cominci a ridere e il tuo corpo produrrà gli ormoni della gioia.

Ne trarrai così benefici fisici e psicologici perché quando ridi si innalzano i livelli del sistema immunitario, aumentano le endorfine (le sostanze che riducono il dolore), la dopamina (una carica naturale), la serotonina (la molecola della felicità), l'ossitocina (l'ormone delle coccole e dell'empatia, che crea fiducia negli altri e in te stesso e carica di serenità nel condividere) e automaticamente si allenta l'ansia e diminuisce lo stress.

Ridere quindi è un'ottima medicina e non ha controindicazioni. È una soluzione semplice e concreta.

Ricorriamo alla *risata*, che è liberatoria e *terapeutica*, una vera e propria pratica di auto-aiuto, ormai riconosciuta anche in campo medico, che mette nelle condizioni di rilasciare le tensioni, i blocchi, i dolori emozionali, riacquistando man mano l'equilibrio e l'armonia all'interno di noi stessi e, di conseguenza, anche con il mondo che ci circonda.

E se sei tra coloro che si chiedono *Come faccio a ridere senza un motivo? Non ci riesco e non è normale.* Invece no, anzi le più recenti ricerche scientifiche hanno rilevato che **ridere senza un motivo è la cosa più naturale che esista**. Per dimostrarlo ricorriamo ai **bambini**.

Quando nasciamo non possediamo ancora il cosiddetto senso dell'umorismo, ovvero quella abilità cerebrale che ci consente di distinguere se una situazione è comica o meno. Questa capacità si acquisisce gradualmente con la crescita, a partire dall'infanzia fino all'età adulta.

I bambini spesso non ridono come reazione a qualcosa, bensì per esternare la propria gioia, ad esempio sorridendo deliberatamente al nostro sguardo, come anche nel ballare, cantare, giocare, come se tutte queste cose innescassero allegria.

Non hanno bisogno di vedere qualcosa di buffo per farlo, bensì sono felici e ridono al mondo e nelle più diverse circostanze.

E poiché siamo stati tutti bambini un tempo, allora la domanda da farci non è *perché rido*, ma *perché non rido più?* Lo hai solo dimenticato. Ti basterà ricordare come si fa e riprenderai a ridere liberamente.

Pertanto possiamo attivare la risata con un atteggiamento di leggerezza o con un atto di volontà, quindi senza *aspettare* di essere felici, ma *decidendo* di esserlo.

E se quando ridi senza un motivo ti senti stupido, sappi invece che stai facendo una cosa molto seria per la tua salute e per la tua vita. Allora ridiamo scegliendo di farlo, senza aspettare qualcuno o qualcosa che ci faccia ridere.

Però dobbiamo allenarci perché, soprattutto per alcuni e all'inizio, potrebbe non essere semplice, anche perché in alcuni casi si tratterà di cambiare una convinzione radicata.

Però ne vale la pena perché, adottando gli strumenti giusti, scopriremo che questo è possibile, ma soprattutto che la risata innescherà emozioni positive e quindi è possibile essere felici perché lo vogliamo e perché decidiamo di esserlo.

Ma ricorda: si tratta di un vero e proprio allenamento, proprio come in palestra, quindi più ridi e più diventerà naturale per te sentire dentro l'energia della gioia. Questa è la chiave che apre la porta del segreto più prezioso: **niente e nessuno ha il potere di renderti triste se tu hai deciso di essere felice!**

La mia testimonianza personale.
Nella vita **ho allenato la risata sistematica**. È successo perché desideravo disperatamente sbloccare certi schemi che il mio vissuto interiore aveva costruito.

Cercavo un metodo che li scomponesse e così ho scoperto la risata terapeutica (*laughter yoga*). Mi sono allenata per mesi, finché non ho fatto della risata la mia arma più forte e sempre vincente.

Una volta assimilata questa tecnica, ho voluto che diventasse il mio comportamento abituale. Sì, perché sentivo che non potevo avere un'amica migliore. L'ho praticata costantemente e avvertivo ogni giorno di più il senso di benessere che mi pervadeva.

Dopo circa due anni in cui praticare la Risata era diventata la mia abitudine quotidiana, la vita ha deciso di mettermi nuovamente alla prova. Era l'estate del 2018.

Avevo notato una piccolissima strana irregolarità sul mio corpo e, al controllo specialistico, ricevetti la diagnosi più brutta che potessi sentire e che fu l'inizio di ulteriori scoperte. Avevo un cancro e subito dopo videro che erano due, grandi, avanzatissimi e aggressivi.

Di fronte alla notizia terribile che mi dettero i medici, dopo un primo momento di assoluto e umano disorientamento, decisi di mantenere il più alto autocontrollo e di applicare ancora più consapevolmente questa tecnica di autoaiuto. E così è successo.

Grazie allo yoga della risata avevo da tempo già imparato a ridere di quelli che oggettivamente sono problemi o imprevisti. E la mia risata era vera. Proprio così, al punto che era diventata una reazione automatica, che mi dava la forza di vedere tutto in modo distaccato.

Questo mi ha permesso di capire che i limiti e le paure sono solo nella mente e, proprio nelle situazioni più atroci, pensare che vada tutto male è inutile e pure dannoso, sia per il risultato, che per il percorso, che può diventare ancora più snervante.

Invece se ridevo, vedendo tutto come se fosse un film paradossale, smorzavo la tensione e in più magnetizzavo energie positive, con la fiducia che sarebbero certamente arrivate a me, come se fossi una calamita di guarigione e salute.

Ho testato su me stessa che non esiste medicina migliore dell'alimentare la mente e l'animo con pensieri positivi e la risata ne è perfetta alleata. Quando impariamo a ridere anche delle cose più sfinenti, sentiremo la forza dell'Universo. E la piacevole scoperta era che più mi allenavo, più diventava semplice ridere per me.

Ho fatto mio il mantra della *risata* che oso definire *strategica* e, sorridendo io, facevo sorridere tutti: le persone care preoccupate per me, gli altri pazienti e più di tutti i medici, aiutandoli ad essere sereni e lucidi sul lavoro. Quando impari a ridere ti sembra tutto facile e a portata di mano.

Vedi la vita davanti a te, che ti porge la mano, per donarsi ancora più bella. Hai la forza di un gigante e ogni cosa si semplifica da sola. Come quando sei bambino e tutto è facile. Non a caso, in base a statistiche scientifiche internazionali, tutti noi quando eravamo piccoli ridevamo mediamente oltre 300 volte al giorno, da adulti arriviamo solo a 20.

L'energia della risata ha così spazzato via le ombre dell'incertezza, facendo sorgere la luce della fiducia e della guarigione. Tutto questo traspariva chiaramente dal mio atteggiamento positivo e solare. Addirittura mi sono ritrovata a compatire persone più sane di me e a consolarle, come se io scoppiassi di salute.

L'ho fatto sinceramente e, guardandomi dall'esterno, ho preso atto che mi comportavo come già guarita, ma perché mi sentivo così. Vedevo malati piangere e li ho confortati, comportandomi da persona sana perché mi percepivo dalla parte di chi stava bene.

Li vedevo disperarsi e mi dispiacevo sinceramente per loro, ma li guardavo come se non avessero nulla a che fare con me, perché li vedevo con gli occhi di chi è guarito. Solo dopo mi accorgevo che potevo apparire dissociata dentro, invece al contrario, ero pienamente allineata al mio sentire, scaturito dalla mia ferma volontà di stare bene e di conseguenza mi comportavo da persona che già godeva di ottima salute.

E la gioia che ho coltivato per mesi in silenzio nel mio animo poi è diventata reale. Ho affrontato ogni intervento e cura con fermezza e tranquillità, nella piena fiducia di chi sente che *va tutto bene* (frase che mi ripetevo costantemente) e poi finalmente l'Universo mi ha dato ragione, anzi di più: è andato tutto benissimo.

Da questo ho imparato che *la via d'uscita è dentro*, e ciò che noi sentiamo nel cuore riusciamo a produrlo anche al di fuori, nella realtà esterna.

Chi, vicino a me, ha visto come ho vissuto ogni momento del duro percorso verso la guarigione, poi mi ha confessato: mi ha sconvolto, a tratti, vederti mentre attraversavi le ombre più buie con la forza di un uragano e sempre con un sorriso da far impallidire il sole.

Ma io sapevo come riuscirci: avevo la mia polvere magica, il mio segreto dei segreti ed era quello di non smettere mai di amare, ma anzi amare così tanto da scoppiare a ridere dalla felicità! Scegliere di ridere è chiamare in aiuto il nostro Genio di Aladino, sempre pronto a realizzare i nostri desideri e felice di farlo. Perché la Risata compie magie!

Perché è utile ridere?

SEGRETO n. 2: la risata produce pensieri *smart*.

Stimola la creatività, il pensiero laterale, sveglia la mente analogica e mette a riposo la mente logica, chiarisce il pensiero di fronte ai problemi, facilita l'apertura mentale, attiva l'intuizione. Esattamente come le migliori idee vengono fuori di fronte a un caffè, così succede dopo una risata fragorosa: l'intuizione si sprigiona prodigiosamente.

Se ridi dai un taglio al dolore presente e soprattutto passato e questo è necessario perché non puoi scrivere un domani di successo se continui a fissare il tuo "ieri". Se anche non riesci a farlo subito, almeno aprirai la tua visione interiore a un futuro migliore.

SEGRETO n. 3: il sorriso è l'invisibile che diventa visibile.

Siamo abituati a dedicare tutte le nostre attenzioni al mondo fisico e materiale, dimenticandoci troppo spesso della realtà metafisica, del non-fisico, l'invisibile, che detiene invece il più grande potere, persino la magia.

Invece è proprio qui che possiamo attingere alla gioia, fino a creare miracoli. *Quando ridi cambi e quando tu cambi tutto il mondo cambia con te* (Dr Madan Kataria).

SEGRETO n. 4: il sorriso è ipnotico.

Ridi, ma ridi di cuore, ridi con ogni tua cellula. Fai ridere a crepapelle e divertire il tuo *bambino interiore*, la tua Anima, il tuo

Spirito. Ridi dentro di te con sincerità. Soprattutto gioca.

Questa è la potente vibrazione miracolosa e guaritrice della risata, che pulisce ogni ombra e fa tornare il sole dentro e fuori di te. Questa è la vera eleganza, la coerenza tra ciò che professi e ciò che sei realmente. Non indossare la falsa maschera del sorriso, perché il cuore sentirebbe la finzione e risulteresti poco interessante, anzi di pessimo gusto.

Sorridi dentro al cuore e, anche quando non riesci, immagina o ricorda qualcosa che ti ha innescato questa emozione positiva e travolgente e a quel punto autoalimentala. Il resto verrà da solo. Ognuno vorrebbe che il mondo fosse pieno di persone garbate e sorridenti, ma nessuno mai pensa di partire da sé stesso.

Se vuoi un mondo diverso, sii diverso tu per primo. Vuoi modificare il mondo? Lavora su di te e smettila di aspettare che siano gli altri a cambiare. Cambia tu e intanto sorridi: offrirai agli altri ciò che tu per primo desideri e ne riceverai altrettanto, moltiplicato.

Cambia tu e cambierà tutto intorno a te. Ridi e dai una svolta alla tua vita e a ciò che ti circonda. Ricordati di sorridere sempre e col sorriso colorerai le tue giornate e attrarrai Amore, dagli altri e dalla vita. Sì, perché ti donerai nella tua essenza più bella e il mondo ti risponderà allo stesso modo, sorridendoti e restituendoti felicità.

Chi sorride (e ancor più chi si allena a quello che io definisco un *fitness* della risata) crea intorno a sé una magia ipnotica. Spargere sorrisi è diffondere la benefica e miracolosa energia della risata, dolce quanto potente e capace di generare solo cose belle. Cattura gli altri con il tuo sorriso, affascinerai e conquisterai tutti, persino la vita stessa.

SEGRETO n. 5: la risata è sexy.

Chi sorride ricorre a un modo economico per migliorare il proprio aspetto perché ridere è "stiloso" e sorridere seduce con classe. Il sorriso crea un arco che scaglia la sua freccia nel cuore della gente e mira alla felicità.

La sua punta colpisce le persone nel modo più bello e spiana la strada per il successo. E c'è di più. Ridere migliora immediatamente la comunicazione: non c'è miglior dialogo che ridere insieme! È un'arma gentile che vince e premia allo stesso tempo.

SEGRETO n. 6: ridere è regalare gentilezza e insieme attrarre, è avere carisma e spargere grazia.

Sorridi e fallo ogni volta che puoi, ma stai attento che quando ti vedono si innamorano tutti! Perché non c'è bellezza senza amore e il sorriso è un gesto d'amore inaspettato, gratuito e incondizionato. Sorridere è amare e generare una forza invincibile. **La Risata è la porta dell'Amore**.

Chi ride ti conquista perché ti apre il suo cuore e ti fa entrare e questo gesto ti contagia. Chi ride ti vuole bene perché ridendo ti dona la sua energia, è come se ti offrisse un *energy drink*.

Il sorriso è carisma perché sorridere è avere personalità. Chi sorride ha autostima e dimostra coraggio. Sorridere è vivere una vita equilibrata, è distinguersi dalla grigia schiavitù della massa, manipolata dai mass media verso sfiducia e negatività, quindi una reazione al consumismo sfrenato, sintomo di mancanza di contenuti e interessi reali e costruttivi.

Ridere è un atto di forza gentile perché è spargere il potere e la bellezza della grazia.

SEGRETO n. 7: il sorriso compie miracoli. Ricorri più spesso che puoi al magico potere della risata.

Sorridere è attivare l'acceleratore verso il risultato. È il modo più rapido per accorciare le distanze anche tra sconosciuti. Sorridendo inviamo un messaggio di serenità, felicità, appagamento e soddisfazione. È la migliore accoglienza, il più caldo gesto di benvenuto.

È un segno leggero e insieme profondo, perché è un'apertura interiore, che disarma chi lo dona e chi lo riceve, instaurando immediatamente pace e amorevolezza. Il sorriso è un gesto d'amore.

Chi sorride ti spalanca l'anima e ti tende la mano, ti lancia un codice di amicizia comprensibile in tutte le lingue del mondo.

La grammatica del sorriso non sbaglia mai, anzi centra l'intenzione di instaurare un immediato contatto costruttivo e stimolante.

È così rassicurante che in taluni casi si sorride proprio per proteggersi dalla paura dell'altro, di chi non si conosce, di temere di far brutta figura. Sorridere è l'asso nella manica nelle situazioni più disparate, come l'insicurezza di aprirsi agli estranei, la voglia di fare una bella prima impressione, fino ad adottarlo per fuggire dall'imbarazzo e persino dalla vergogna.

Un sorprendente *passepartout* che apre i lucchetti delle nostre incertezze più radicate e che ci salva in modo semplice e sempre vincente. Basti pensare all'incanto del sorriso di un neonato, uno dei più incredibili ansiolitici, capace di smorzare qualunque spirito guerriero di chi lo osserva.

Sorridere riduce l'adrenalina e la tensione emotiva e arteriosa, rilassa e stempera l'aggressività. Quando ridi disarmi l'avversario che, non sentendosi più minacciato, abbassa le sue difese.

Ridere scatena i neurotrasmettitori del piacere a livello biochimico, innescando solo effetti collaterali benefici. Ridi più che puoi e sentirai la gioia dentro finché arriverai al punto in cui l'allegria albergherà sempre in te. Raggiungerai una condizione costante di felicità, che è *pensare a cose belle senza farlo apposta* (P. Ruffini).

SEGRETO n. 8: la capacità di ridere sarà la misura della tua abilità decisionale e persuasiva.

Ridere rivela inequivocabilmente un aspetto fondamentale della tua personalità: lo spirito di decisione. Quando scoppi in una risata ti immergi improvvisamente nella gioia pura e ti liberi istantaneamente dalle costrizioni del momento.

Esci così dal tuo stato di vigilanza costante e alzi il tuo livello di coscienza, come ridestandoti in una tempesta di ormoni di felicità, in un afflusso di una potente energia fisica e mentale. Più ti alleni a ridere e più questo senso di energia e liberazione trasformerà le tue cellule, modificandone la struttura interna. Chi ride acquista maggiore sicurezza e alza i suoi livelli di energia.

Il riso è anche l'antidoto del dubbio per antonomasia, perché rompe le catene delle insicurezze mentali. Ridere è liberatorio, spazza le nuvole della paura e fa prendere decisioni veloci che si riveleranno essere le più favorevoli.

E vale doppio perché induce a sorridere anche il tuo interlocutore. Pure in questo caso, quindi nel caso rovesciato, il ridere (e far sorridere) e lo spirito decisionale vanno a braccetto. Campo d'elezione di questa regola d'oro è la seduzione e la persuasione: quando fai ridere una persona la liberi dal dubbio delle sue insicurezze, le infondi fiducia e sarà il tuo successo.

Sempre con etica, mi raccomando però. Quindi, se vuoi donare il tuo bene a una persona e vuoi andare oltre, falla sorridere! Vedrai che ti sceglierà come la sua migliore compagnia, stimolante e anche rassicurante.

SEGRETO n. 9: fai che la risata sia la tua arma invisibile e invincibile, capace di ribaltare le dinamiche.

Ti sarà capitato di trovarti in situazioni in cui, se applichi la logica pura e semplice, potresti sentirti già vinto. Questo succede quando confronti le tue possibilità con quelle degli altri, mettendo tutti sullo stesso piano e utilizzando il medesimo metro di valutazione.

Ad esempio, confrontando la tua forza con quella di chi è più robusto di te. In tal senso è ovvio e alquanto semplicistico tirare le somme. Se però modifichi il punto di vista e lo sposti nell'individuare ciò che puoi sfruttare a tuo favore, vedrai che cambia tutto e che sei in grado di ribaltare persino l'epilogo.

Ricordi la sfida di Davide contro Golia? Il ragazzo vinse il gigante in virtù della sua intuizione intelligente perché non si fermò a pensare di confrontarsi sul piano della forza fisica (in cui avrebbe perso sicuramente), ma ideò ciò in cui era più bravo.

Un'ulteriore chiave per la vittoria è quella di usare a tuo favore la forza avversaria, come fanno i surfisti o coloro che praticano le arti marziali. Allenati quindi a una sorta di *aikido* emotivo, facendo della risata la tua mossa vincente e rivoluzionaria a tuo vantaggio.

Anziché dominare l'altro sui medesimi parametri, immagina invece di gestire la situazione attraverso la centratura su te stesso – che ti viene data dalla serenità e dall'energia della risata quotidiana – unita alla consapevolezza delle tue capacità o di ciò che puoi sfruttare a tuo beneficio, come vento favorevole alle tue vele, benché possa inizialmente apparire a tuo sfavore.

Cavalca l'onda con il *surf* della tua risata ogni volta che ti trovi di fronte a una situazione potenzialmente minacciosa. La risata sarà il tuo *karate* emozionale che ti eleggerà padrone degli eventi, ma innanzitutto di te stesso, perché consapevole delle tue incredibili potenzialità.

SEGRETO n. 10: quando ridi lasci andare via tutto quello che non ti serve e questa pulizia crea una magia.

La risata è sciogliersi, rilassarsi, allentare la presa, liberarsi, lasciarsi andare, dipanare i nodi emozionali, i pensieri e le memorie tossiche.

Gettare via tutto questo è il rimedio più potente per ricaricarsi e ricominciare più forti di prima. Disfarsi di ciò che non ci fa bene (pensieri, giudizi, azioni) e tenere sempre alto il livello dei tuoi pensieri e ridere è l'unico modo per alleggerirsi dei pesi bloccanti e procedere spediti verso il benessere interiore e la felicità.

Quando ti trovi di fronte a cose che ti infastidiscono, impara ad accettarle per come sono e non fartene un cruccio. Getta via quello che non ti rende felice e procedi dritto per la tua strada. Abbi sempre una fede salda che andrà tutto bene e ogni cosa si sistemerà al meglio e per il tuo massimo bene.

Per accelerare questo processo aiutati con l'allenamento costante alla risata del corpo e del cuore e vedrai che in breve tempo ti libererai delle tue stesse catene emotive.

Se emotivamente sei particolarmente giù e pensi di essere giunto al limite, allora comincia a pensare a te con amore, comincia a ridere di cuore e di' a te stesso: *sono arrivato in fondo, al punto estremo delle mie sofferenze, cosicché d'ora in poi andrà sempre meglio di così*. Ridi e, se tu lo vuoi, inizierai a percepire questo momento come la conclusione delle tue tribolazioni.

SEGRETO n. 11: ridere guarisce.

Hai una ferita? Ridi. La Risata ripara e aggiusta.
Può sembrare troppo semplicistico, invece è proprio così. Una risata lenisce il dolore di una ferita emotiva, fresca o antica, che ti fa ancora male. Una risata cura. Ti coccola. Ti massaggia l'anima. Ti dona un sollievo immediato e, in alcuni casi, arriva anche a guarirti.

Allora ridi, ridi, *ridi ogni volta che puoi: è una medicina a buon mercato* (G. Byron). Provaci, sentiti anche ridicolo, sforzati, insisti, svestiti della tristezza e del dolore e indossa il sorriso più intenso che hai. A poco a poco sentirai allenare la tensione, avvertirai i brividi di calore e rilassamento e finalmente arriverà, nonostante tutto, anche la gioia.

SEGRETO n. 12: allenati quotidianamente al tuo risveglio felice.

Per arrivare ad essere felice di *default*, cioè indipendentemente da quello che avviene intorno, è necessario allenarsi costantemente, come con lo sport o lo studio, finché non diventerà per te un modo di essere naturale. Far pratica è importante per acquisire un atteggiamento ridente fino a farlo diventare automatico e per arrivarci non basta l'intenzione da sola, se non è accompagnata da un esercizio costante.

Ogni mattina, quando ti svegli, lascia i pensieri tristi sotto le lenzuola e preparati ad accogliere e salutare la luce con il tuo miglior sorriso. Affacciati al nuovo giorno pensando a che meraviglia hai davanti e di' a te stesso: *Adesso potrebbe cominciare la più bella giornata della mia vita.* E aggiungici le vibrazioni della risata, che porteranno nuovi colori.

Certo, è fondamentale anche che tu sappia sorridere alla vita e anzi, proprio quando è più difficile, ricorri alla risata terapeutica. *Si abbattono più muri in una sessione di yoga della risata che in anni di fatiche* (Marco Bassiato).

Impara a ridere allora in modo strategico e ridi più che puoi, ricordalo sempre e usalo come **trucco magico**. Una risata stempera, risolve, solleva, guarisce.

SEGRETO n. 13: ridi, gioisci e sii felice sinceramente delle gioie degli altri. I buoni sentimenti, se donati, aumentano anziché impoverirsi.

Coloro che gioiscono nel vedere altri seguire la Via otterranno grandi benedizioni (Buddha). Questo perché quando partecipiamo o contribuiamo alla felicità dell'altro, questa si diffonderà e ciò ispirerà a sua volta a produrre anche in altri la stessa emozione.

L'Amore genera altro amore, come "una singola fiamma può accendere migliaia di candele senza perdere il suo splendore o senza esserne intaccata. La felicità non diminuisce quando viene condivisa, anzi aumenta".

Lo stesso accade per i sorrisi: quando li dividi con le altre persone, incredibilmente si moltiplicano. Quindi non aver paura di donare buoni sentimenti, allegria e buonumore, perché più li donerai più te ne arricchirai. E se nemmeno li hai, già solo offrendoli agli altri, ne riceverai altrettanti.

Ridere è respirare (con il corpo e con la mente).

Quando ridi ogni tua cellula si ossigena e rilasci qualunque tensione, sia fisica che psichica.

La risata è l'equivalente di una respirazione profonda perché il diaframma si espande e compie un massaggio terapeutico all'addome e agli organi interni. Tutto questo sollecita i neurotrasmettitori a produrre sostanze che fanno dilatare i vasi sanguigni e ciò migliora la circolazione generale. Ecco come è stato dimostrato che ridere è un farmaco che protegge il cuore.

Inoltre il processo messo in atto dalla risata innesca fattori cerebrali che rilassano e distendono i muscoli e questo stimola la salute complessiva, aumentando innanzitutto le difese immunitarie.

Tra i pionieri di un utilizzo in ambito terapeutico, vi è Patch Adams, famoso medico statunitense, grazie al quale la risata è ormai riconosciuta come una **cura**, basti vedere i numerosi *Clown del Sorriso* sparsi nelle corsie degli ospedali di tutto il mondo.

È stato calcolato inoltre che ridere ci fa consumare fino a 120 calorie all'ora, proprio come uno **sport**. Se poi alla risata abbini pure la pratica del respiro "consapevole", raggiungerai il massimo dei benefici in modo veloce, economico e senza fatica.

SEGRETO n. 14: ridere e praticare una respirazione funzionale è il modo più semplice e immediato per riallineare le polarità elettriche del corpo.

Tutti noi a un certo punto ci ritroviamo ad avere livelli di frequenze corporee invertite o disorganizzate. Quando le nostre polarità non sono armoniche ci ammaliamo o costruiamo blocchi interiori – non ci fidiamo degli altri, viviamo intorpidimenti emozionali.

Il modo più veloce e semplice per riequilibrarle è ridere o

allenarsi alla respirazione cosciente. Ciò produrrà benefici a livello fisiologico, psicologico, emotivo, energetico e spirituale. Allenandoci alla respirazione consapevole e, meglio ancora se la affianchiamo alla risata terapeutica, riacquisteremo l'allineamento fisico ed energetico, che risistemerà tutte le aree della nostra vita.

SEGRETO n. 15: pratica la respirazione consapevole sfruttando il diaframma. Ti aiuterà a gestire l'ansia e a uniformare gli squilibri energetici, fisici e psichici.

Esistono due modi di respirare: alto e basso. Parimenti sono coinvolti due organi. La respirazione alta viene svolta dai polmoni e quando la eseguiamo siamo in piedi, quella bassa invece avviene attraverso il diaframma ed è naturale quando siamo distesi, ad esempio quando dormiamo.

È questa seconda respirazione, anche detta addominale, che svolge il miglior compito rigenerativo di cui parlo qui e che è pari ai benefici della risata.

Respirare in modo cosciente è entrare in uno stato di calma e, osservando noi stessi quando lo facciamo, alternare deliberatamente inspirazione ed espirazione. Il tutto da eseguire con dovuta lentezza. Questo aiuta a ristabilire il ritmo e l'energia e soprattutto la giusta carica elettrica del fisico.

In più sarebbe ottimale pigiare sul palato con la punta della lingua, mentre inspiriamo dal naso, invece toccare il pavimento della bocca, quando espirando dalla bocca. Questo permette di ripristinare la struttura del nostro biocampo energetico, riequilibrando le cariche elettriche disorganizzate o invertite e bilanciando la differenza vibrazionale tra la sommità e la base del cavo orale.

Lo stesso otteniamo quando, camminando, muoviamo la mano destra in avanti insieme alla gamba sinistra, correggendo sia l'equilibrio fisico che elettrico del corpo.

Per bilanciare la polarità basta qualche minuto di respirazione consapevole e già questo trasforma le persone, che vedono subito meglio, con più luce, sono più rilassate, più aperte e fiduciose. Il cambiamento è radicale e immediato, poi certamente serve continuare per altri minuti per rinforzare lo stato.

Ripeterlo giornalmente fa diventare tutto ancora più automatico, fino a riscrivere le forme dei propri geni.

Praticando regolarmente questa semplice abitudine di respirare in modo consapevole per almeno 5 minuti al giorno, noteremo cambiamenti di vario tipo nella persona e di conseguenza nella vita: sentiremo meno la stanchezza e l'affaticamento di un tempo, recupereremo la capacità di mantenere la concentrazione, saremo meno bloccati e in generale più sicuri di noi.

Questi cambiamenti avvengono in ciascuno in tempi diversi, ma si tratta di modificazioni che, inizialmente accennate, con il tempo diventano sempre più profonde e a lungo andare cambiano la vita.

SEGRETO n. 16: respirare bene è vivere bene.

Il respiro è fondamentale. In India dicono *dimmi come respiri e ti dirò come pensi, dimmi come pensi e ti dirò come diventi*. Ricordati quindi di coltivare sempre anche pensieri felici, ovvero abbi cura di agire sempre guidato dall'amore.

Incoraggia così il tuo benessere interiore, che ti farà stare in pace con te stesso e con il mondo. Respira, ma fallo con tutto il tuo cuore. Fai che il tuo respiro sia un moto d'amore puro, che non si limiti a un movimento del busto, bensì una profonda emissione di bei sentimenti, in libertà e con leggerezza.

Respirare bene equivale a vivere bene, allora, ogni volta che prendi aria nei polmoni, pensa di respirare Vita. Anzi, immagina di respirare l'Amore Puro e sperimenterai il tuo salto quantico.

Vuoi far respirare sia il tuo fisico che la tua mente?
Pratica la Meditazione della Risata.

SEGRETO n. 17: ripulisci i tuoi pensieri dalle scorie di ciò che ti appesantisce o è demotivante e spazza via le energie basse e negative (prodotte nella mente e nel corpo) attraverso la pratica quotidiana della meditazione, ancora meglio con la Meditazione della Risata.

Spesso siamo esausti, ma per quanto siamo iperattenti a ricaricare i nostri telefonini, purtroppo ci dimentichiamo troppo sovente di mettere in carica le nostre batterie emozionali. Il miglior modo per farlo è la meditazione, che rinvigorisce le nostre riserve energetiche, meglio ancora se affiancata alla meditazione della risata.

Così come mediti respirando per 10 minuti, alla stessa stregua puoi cominciare a ridere e farlo per 10 minuti.

Come posso intraprendere la Meditazione della Risata?

Delizie di Smile Style

Esercizio di Meditazione Riso-Morfogenetica

Qualunque cosa tu stia vivendo, scegli un posto tranquillo e rilascia i muscoli con morbidi movimenti del corpo. Percepisci i tuoi piedi radicati al pavimento e immagina di caricarti con l'energia del suolo, che parte dal centro della terra e sale dentro di te in un flusso potentissimo di luce di tutti i colori.

Fai bei respiri e, alleggerendoti sempre più, entra nell'*Adesso*, libero da qualsiasi tensione dovuta a timori e aspettative. Abbandonati al momento presente, sgombrando del tutto la mente da pensieri e preoccupazioni: non pensare, semplicemente concentrati sul respiro e sugli istanti che stai vivendo.

Ora respira riempiendo sempre più i polmoni; quando hai raccolto più aria che puoi, scoppia in una fragorosa risata e continua a ridere e a prendere aria per altre risate. Non fermarti, vedrai che a un certo punto riderai per davvero e non solo con il corpo! Puoi procedere con gradualità, sappi però che l'ideale sarebbe arrivare a 10 minuti di risate consecutive al giorno (meglio la mattina, ma scegli tu).

SEGRETO n. 18: la Meditazione della Risata è la migliore pausa rigenerativa, come uno stacco dalla routine e in alcuni casi meglio del riposo.

Come dopo una notte di sonno profondo, rigeneriamo la nostra abilità di trovare nuove soluzioni a problemi complessi, così dopo aver riso per almeno più di 10 minuti, rinvigoriamo la nostra capacità di attenzione, potenziamo la creatività, allentiamo le tensioni muscolari, riduciamo lo stress e le preoccupazioni.

Spesso diciamo "devo fare una pausa, faccio due passi, due chiacchiere, prendo un po' d'aria, mi prendo uno spazio di silenzio, allungo lo sguardo verso l'orizzonte, mi stiracchio, faccio dei respiri, faccio qualcosa di diverso per ricaricarmi".

Se ridi guadagni in modo semplice e immediato il tuo spazio di pulizia mentale, antidoto all'andirivieni nevrotico della quotidianità iperattiva. Ridere rigenera come il sonno, ma carica ancora di più, grazie all'energia della gioia. Regalati ogni giorno i tuoi 10 minuti di gioia pura e ne raccoglierai i preziosi frutti.

SEGRETO n. 19: la Meditazione della Risata ritempra come un fitness "no-fitness".

Motion creates Emotion ripete sempre durante i suoi corsi il noto formatore Anthony Robbins, teoria basata sul fatto che "il movimento crea l'emozione corrispondente". Muoversi, saltare, ballare stimola centri nervosi che producono specifici stati d'animo. Così la risata: è movimento e attiva sensazioni di allegria.

Quando siamo giù, se anche solo interpretiamo col corpo la rappresentazione fisica della gioia, la mente la metterà subito in atto. Un sorriso ci aiuta quindi a innalzare i livelli di energia. Per questo ridere stimola il benessere sia psicologico che fisico.

Ridere a crepapelle è come praticare uno "sport senza sport" nel senso che, pur non richiedendo grandi movimenti del corpo (che farebbero sudare) dona, in molti casi, benefici analoghi a ore di fitness tradizionale.

Una risata ricarica, solletica il buonumore e sostiene la salute fisica, psichica ed emozionale, rilassa, lava via lo stress, rende lucidi e reattivi sia la mente che i muscoli.

Questo succede perché ridere in modo intenso e profondo stimola i neurotrasmettitori della felicità, che attivano il senso di sollievo e al contempo aumentano le nostre capacità di concentrazione, creatività, efficienza.

Ridere è liberare la mente dai pensieri e dalle ombre, fornendo al corpo un generale senso di leggerezza, freschezza, tonicità.

SEGRETO n. 20: la meditazione ti connette alla tua Unità, ricomponendola: meditare è non sentirsi più soli, bensì respirare l'Amore Incondizionato dell'Universo.

Attraverso la meditazione la mente rinasce a vita vera, quindi non rimane separata e singola, ma si riconnette alla Mente Universale da cui ha origine, tornando ad essere un tutt'Uno con l'Universo intero, ricomponendosi nella Coscienza Universale che conosce i principi del mondo, cui è connessa e che può tutto.

In questo modo la mente si espande nel Sapere Universale, libera dal dolore e dai pesi del passato, viva pienamente nell'adesso e senza condizionamenti.

Meditare è ripulirci dall'inutile accumulo di pensieri negativi, per riprendere la corsa facile e divertente verso l'eccellenza, liberi dagli ostacoli che sono solo nella mente e, una volta svuotato il pensiero, potrai aprirti alla ricchezza delle possibilità.

Se vuoi cambiare te stesso e il mondo intorno a te, la mattina ti consiglio di iniziare la giornata facendo una pulizia energetica, oltre che fisica, quindi pratica la meditazione e subito dopo accendi il tuo sorriso e già ti sarai regalato il meglio.

RIEPILOGO DEL CAPITOLO 1:

- SEGRETO n. 1: ridere apporta benefici inimmaginabili e il nostro corpo produce la stessa reazione chimica sia che ridiamo per una ragione, sia che ridiamo e basta. Da qui è nata la *terapia della risata*, in base alla quale puoi ridere anche senza una causa, devi solo deciderlo e ne ricaverai grande benessere.

- SEGRETO n. 2: la risata produce pensieri *smart*.

- SEGRETO n. 3: il sorriso è l'invisibile che diventa visibile.

- SEGRETO n. 4: il sorriso è ipnotico.

- SEGRETO n. 5: la risata è sexy.

- SEGRETO n. 6: ridere è regalare gentilezza e insieme attrarre, è avere carisma e spargere grazia.

- SEGRETO n. 7: il sorriso compie miracoli. Ricorri più spesso che puoi al magico potere della risata.

- SEGRETO n. 8: la capacità di ridere sarà la misura della tua abilità decisionale e persuasiva.

- SEGRETO n. 9: fai che la risata sia la tua arma invisibile e invincibile, capace di ribaltare le dinamiche.

- SEGRETO n. 10: quando ridi lasci andare via tutto quello che non ti serve e questa pulizia crea una magia.

- SEGRETO n. 11: ridere guarisce. Hai una ferita? Ridi. La Risata ripara e aggiusta.

- SEGRETO n. 12: allenati quotidianamente al tuo risveglio felice.

- SEGRETO n. 13: ridi, gioisci e sii felice sinceramente delle gioie degli altri. I buoni sentimenti, se donati, aumentano anziché impoverirsi.

- SEGRETO n. 14: ridere e praticare una respirazione funzionale è il modo più semplice e immediato per riallineare le polarità elettriche del corpo.

- SEGRETO n. 15: pratica la respirazione consapevole sfruttando il diaframma. Ti aiuterà a gestire l'ansia e a uniformare gli squilibri energetici, fisici e psichici.

- SEGRETO n. 16: respirare bene è vivere bene.

- SEGRETO n. 17: ripulisci i tuoi pensieri dalle scorie di ciò che ti appesantisce o è demotivante e spazza via le energie basse e negative (prodotte nella mente e nel corpo) attraverso la pratica quotidiana della meditazione, ancora meglio con la meditazione della risata.

Delizie di Smile Style

Esercizio di Meditazione Riso-Morfogenetica

- SEGRETO n. 18: la Meditazione della Risata è la migliore pausa rigenerativa, come uno stacco dalla routine e in alcuni casi meglio del riposo.

- SEGRETO n. 19: la Meditazione della Risata ritempra come un fitness "no-fitness".

- SEGRETO n. 20: la meditazione ti connette alla tua Unità, ricomponendola: meditare è non sentirsi più soli, bensì respirare l'Amore Incondizionato dell'Universo.

Capitolo 2:
Come connettersi all'energia dell'Amore

Scegli l'Amore e pratica la Gentilezza sempre.
Spargerai quell'eleganza che dona serenità.

È tornando a ridere che ho riscoperto la forza dell'Amore, quello vero, puro, sincero, gratuito, assoluto, totale: in una parola incondizionato. Uno stato emozionale completo che ti riempie già da solo, per il solo fatto di nutrire il tuo cuore e che ti appaga già per il viverlo e basta.

Quel sentimento che ti palpita dentro anche senza una ragione ed esiste al di là del sentire comune e delle convenzioni, che si autoalimenta, che va oltre ogni ragionevole dubbio, bypassando la razionalità, la logica, il senso del dare-avere, perché basta da solo a farti sentire completo, come se non ti mancasse più nessun pezzo di te.

Quell'Amore che ti ricompone e non ti fa sentire più solo.

Quell'Amore che mi ha sorpreso per la sua unicità e potenza e che ha riacceso in me il sentimento più grande di tutti: ricordarmi di amare me stessa (prima di tutti gli altri) e ritornare quindi ad amare la mia Vita.

Per questo benedico le mie lacrime, perché hanno solcato la mia strada felice verso la scoperta del potere della Risata e quindi dell'Amore senza riserve.

E oggi, come prima non avrei immaginato mai, in ogni mio pensiero e azione anche piccola che compio, metto sempre una goccia di Amore sincero e mi chiedo se quello che decido di fare è animato da questo sentimento perché, solo quando il nostro motore è l'Amore, allora siamo in grado di cantare un vero inno alla vita e a tutti noi, celebrarla e onorarla come merita.

SEGRETO n. 1: l'Amore è il Tutto, il Tutto è Uno e l'Uno è Amore. Onora l'Amore sia donandolo, sia permettendo a te stesso di accoglierlo. Sii Amore e sarai la forza dell'Universo.

L'Universo, l'Uno, il Tutto è Amore. Tutto e tutti sono Amore, anche tu lo sei (ripeti ogni tanto a te stesso *Io sono Amore puro*), perché sei il frutto di un atto d'amore e tu stesso sei una sorgente d'amore. Per questo devi imparare a vedere (o meglio trovare) l'Amore ovunque.

Lo percepirai in ogni persona, in ogni cosa, in ogni momento, godendo della sua armonia e perfezione. A quel punto avrai raggiunto una condizione di Felicità permanente e sentirai che ogni cosa sarà un dono dell'Amore per te e per il tuo massimo bene. Non sforzarti dunque di contrastarla o razionalizzarla.

Se non dovessi aver chiaro da subito il disegno del Bene per te, aspetta. Rilassati e lascia fare all'Universo. Sintonizzati sul Bene e presto capirai cosa ti riserva quella situazione per la tua crescita.

Anche le cose non belle, le sofferenze, il dolore, i problemi, accoglili come una lezione da imparare, altrimenti te ne arriverà una più forte.

La Vita continuerà a presentarti sempre gli stessi esami finché non li avrai superati. Quindi ringraziala, abbracciala e mettiti in ascolto e chiedi a te stesso e alla mente universale di estrapolare l'insegnamento che devi imparare. Non aver paura di aver sbagliato o di sbagliare ancora: se "senti" quella cosa dentro, forse ti serve per crescere.

Dico questo perché io ho deciso di "fidarmi" della Vita e della Grazia e, vista così, ogni situazione diventerà conoscenza. Allora accetta ogni esperienza come un'ospite gradita e trattala bene perché, anche quelle più spiacevoli, possono portarti dei doni: sta a te vederli, ma sempre con la luce della gratitudine.

Le cose brutte, anche se non ci piacciono, ci arrivano per una ragione che non è mai di per sé una difficoltà o un dolore inutile e fine a sé stesso. Considera i problemi delle opportunità per crescere, pertanto benedicili e sfruttali per evolvere in meglio. Invece *se la sofferenza ti ha reso cattivo e cieco, allora l'hai sprecata*.

A quelli che dicono "sono diventato una carogna e non mi preoccupo di ferire perché ho ricevuto tanto male", io rispondo che "a me invece proprio la sofferenza ha insegnato a non ferire".

Impara a vibrare nell'Amore del Cuore del Tutto, quello dell'Universo intero ed emozionati a sentirti parte del suo Amore Divino. Chi non ama si perde qualcosa di meraviglioso, perché si fa sfuggire l'occasione di assaporare la gioia di questo sentimento.

La Vita e la sua bellezza sono Amore puro, ma ce lo siamo dimenticato e se fossimo consapevoli che all'improvviso potremmo perdere ogni cosa, ci sarebbe meno cattiveria e più compassione tra le persone.

SEGRETO n. 2: sii capace di individuare il tuo Bene anche in un evento negativo, e sarai consapevole della ragione evolutiva secondo cui ogni cosa accade.

Assumi questa prospettiva e di conseguenza, qualunque cosa ti succederà, vivrai – d'ora in poi – un unico e solo sentimento costante: una profonda e autentica gratitudine. Dimenticherai il rancore, la disperazione, la frustrazione, l'inadeguatezza e sarai immerso in una continua emozione fatta di riconoscenza, amore, benedizioni e gioia.

Allora la mattina o ogni volta che vorrai parla al Tutto, all'Energia della Creazione e della Vita con questa invocazione: *Caro Universo, sono pronto a stupirmi per le incredibili sorprese che oggi mi donerai, a mio favore e per il mio massimo bene. Grazie.* Provando ed emanando amore realizzerai la tua natura profonda, che è spirituale.

Ama e metterai a tacere il tuo più grande nemico: l'Ego. Esso ci separa, dal mondo e dagli altri, facendoci sentire al di sopra, con smanie di potere e controllo. Ci fa penare inutilmente facendoci sentire sempre scontenti: è solo un pericoloso distruttore.

È contro di noi, genera sofferenza e infelicità e non mira alla nostra realizzazione spontanea, bensì condizionata dagli schemi acquisiti dall'esterno. Il nostro vero amico non è mai l'Ego, bensì la nostra Anima, la nostra parte spirituale, naturale, tranquilla.

L'Ego ci separa, lo Spirito ci fa sentire uniti al Tutto. E lo Spirito parla la lingua dell'Amore, unica e invincibile.

L'Amore è la forza più potente dell'Universo. Come un

fiammifero, capace di accendere l'incendio di una foresta, così fa una scintilla d'Amore. E Amore è l'Universo stesso: puro Amore. La sua energia guarisce, ispira, esprime il nostro Sé supremo.

Vivere e sperimentare l'Amore è ritrovare sé stessi, è vivere l'abbondanza e respirare felicità. Amare è conoscere l'unione tra il terreno e il divino. Quando hai Amore dentro, non puoi perdere nulla, puoi solo trovare.

La paura e il dolore si concentrano su ciò che non vuoi, l'Amore su ciò che vuoi. Allenati ad amare e darai vita a ciò che desideri.

Amore è tantissime cose: felicità, appagamento, condivisione, crescita. Per crescere le persone hanno necessità di sentirsi amate, quindi se vuoi aiutare una persona, amala incondizionatamente e gratuitamente.

Ama generosamente e donati senza mai sentirti usato, perché provare amore è già un privilegio per pochi quindi sentiti grato e non smettere.

Ama sempre e fai che la misura dell'amore per gli altri sia la stessa dell'amore verso te stesso. Amati e ogni cosa cambierà intorno a te.

Chi vede problemi ovunque o li crea, il più delle volte non è cattivo, ma è solo una persona povera di spirito e molto lontana dalla felicità. Chi invece sente dentro e vede fuori l'Amore e la bellezza anche nelle piccole cose non sarà mai un infelice.

Perché l'Amore e il bello sono dentro gli occhi di chi guarda e se vedi questo fuori è perché sei ricco dentro. Ti auguro di vivere tutto l'Amore che c'è e che ti respira intorno. Vivilo con più entusiasmo che puoi e nel momento presente.

Godi dell'energia dell'amore in tutte le sue forme, non esclusivamente in una relazione sentimentale, ma anche attraverso la gioia degli affetti familiari, degli amici, dei conoscenti e anche di chi incontri casualmente. Anche condividere qualcosa, ascoltare, donare un sorriso è una nobile forma d'amore gratuito che non ha eguali e che ti ripagherà di doni immensi.

Non privarti di vivere l'amore in tutte le sue tonalità, che sia anche un sorriso di un bambino, lo sguardo di un cucciolo, l'ebbrezza di godere di un tramonto dai colori emozionanti. Prima di tutto questo però ricorda di inviare amore a te stesso, sei la persona più importante della tua vita, quindi prenditi cura di te e ricordati di amarti ogni mattina, al tuo risveglio.

Delizie di Smile Style

Esercizio del saluto mattutino amorevole al tuo bambino interiore: *Buongiorno (il tuo nome), io mi amo e mi apprezzo, completamente e profondamente e anche oggi mi merito cose meravigliose, doni e sensazioni che mi sorprenderanno e mi renderanno ultra felice.*

Sono pronto a ricevere le magiche ed emozionanti sorprese che questa giornata ha riservato per me e ad accettare ogni Bene che le persone e le situazioni mi offriranno perché l'Universo intero cospira per il mio massimo Bene e io contribuisco al Bene ubriacandomi di buonumore e spargendolo ovunque.

Delizie di Smile Style

Esercizio del rinforzo felice: allenati all'Amore, sia donandolo che accogliendolo. Esercitati ogni mattina quando ti prepari al nuovo giorno, ma anche durante la giornata, in quei momenti in cui vuoi alzare i tuoi livelli di energia o quando desideri interrompere gli automatismi della routine.

Centrati radicandoti a Madre Terra, fai un respiro a pieni polmoni e recita questo mantra: *Sono felice di aprire il mio cuore al Bene che riceverò oggi. Già sono emozionato di gioia! Grazie.*

E magari regalati subito un bel sorriso. E per il resto della giornata continua a sorridere sempre, innanzitutto dentro e continua ad amare sempre e tutto. Prova amore e sprigiona questo sentimento continuamente e in ogni atto che compi, anche piccolo.

Se lavi i piatti, fallo con amore. Quando mangi il pane pensa con quanto amore il panettiere lo ha impastato, anche fosse solo l'amore per il suo lavoro e per i suoi figli, che mantiene con quella attività. Ricorda che ogni cosa che noi facciamo è sempre un atto d'amore, piccolo o grande che sia.

Tu stesso ricordati di pensare, parlare, agire, correggere, perdonare, tacere, scegliere, decidere per amore. Sia l'amore la radice di ogni tuo atto. Sii tu stesso una sorgente d'amore, che zampilla di gocce d'amore in ogni dove.

Una delle forme più limpide dell'amore è la risata, quindi pratica ogni giorno momenti di amore incondizionato e momenti di risata incondizionata.

È importante, per rinsaldare queste energie, che tu sia coerente, quindi pensa, parla e agisci e senti ciò cui tendi: sii Amore e Sorriso sempre.

Tu sei un dono e ogni volta che ami qualcuno, con qualunque gesto, stai benedicendo la vita di quella persona.

Parti da te stesso: amati tu per primo

SEGRETO n. 3: se manca qualcosa nella tua vita, riparti da

te e amati.

"Tu pensi che sarà qualcuno che ti amerà a portarti l'amore, ma sarà il tuo amore a portarti qualcuno che ti amerà" (A. Jodorowsky). Accendi lo switch che compie magie: l'Amore per te stesso.

Qualunque sia il tuo problema (salute, relazioni insoddisfacenti, creatività inespressa, mancanza di soldi) c'è solo una causa attorno alla quale ruota tutto: la carenza di Amore verso sé stessi. Quando ci amiamo, ci apprezziamo e ci accettiamo per quello che siamo, senza giudizio o senso di colpa, tutto va per il verso giusto o si sistema al meglio e senza troppa fatica.

Ecco quali sono i piccoli quotidiani miracoli che riusciamo a compiere, solamente amandoci come fossimo i migliori amici di noi stessi.

Amandoti, rispettandoti, onorandoti farai alzare le tue vibrazioni e farai fiorire ogni cosa intorno a te. Finché continuerai a trascurare di amarti, l'Universo vibrerà con te e continuerà a mandarti persone che non sanno come amarti.

Alza la tua frequenza emotiva e diventa un magnete di amore, ma inizia da te stesso e caricati con la tua stessa energia d'Amore, cominciando dall'amare te stesso, ma amati sinceramente e profondamente, perché il modo in cui ti amerai è il modo con cui insegnerai agli altri ad amarti e riceverai quanto di più bello potresti desiderare.

L'amore è la cura miracolosa, la medicina di tutti i mali. Inizia ad amarti e vedrai compiersi miracoli nella tua vita, quindi Amati e comincia ora. Innamorati di te, poi della Vita e solo allora potrai scegliere chi amare. Sarà la persona giusta.

Compi il primo e più importante passo: apprezzarti esattamente come sei. Quando scoprirai l'amore che hai dentro, ti innamorerai di te e di ciò che custodisci nel cuore e nell'anima. Di conseguenza anche gli altri si innamoreranno di te e ti ameranno, mentre ti innamorerai di ogni cosa e amerai tutti. Questa è l'infinita storia dell'Amore Divino, che risiede in te: la Divinità del tuo Essere.

SEGRETO n. 4: sii indulgente con te stesso. È il primo passo per imparare ad amare.

Rendi eccellente il tuo stato e renderai eccellenti i risultati che otterrai. Non preoccuparti troppo di fare sempre la cosa "giusta". Ricorda che la perfezione non è di questo mondo e anzi talvolta rappresenta un blocco, poiché crea insicurezze fino a chiudere le persone in loro stesse. Fai che la tua priorità sia essere felice e non perfetto.

Se ti senti come una zolla di terreno, pensa che sull'oro, sul platino e i diamanti non cresce niente. Benedici il tuo essere imperfetto e amati così come sei. Per farlo sorridi spesso e scarica la tua ansia di non sentirti all'altezza. Accettati perché, quando ti accetti, diventi una persona migliore.

Vivendo serenamente i tuoi difetti, ti accorgerai della meraviglia che sei, come la natura, che è bella proprio per le sue imperfezioni. Ed è proprio qui la perfezione! Accogli e accetta te stesso, tu sei un essere perfetto, perché sei tu e sei unico. Ricorda che quando accetterai qualsiasi cosa di te, in quell'accettazione accetterai anche gli altri, la vita e improvvisamente tutte le tue "fratture" emotive si rimargineranno.

Liberato da questi pesi, volerai alto. Non dipenderai più dagli altri o dal tuo giudice interiore, ma riprenderai in mano te stesso, come il tuo migliore amico e sostenitore.

Scoprirai che l'essere amoroso con te stesso ti aiuterà più che ergerti a giudice spietato e intollerante. Accettati e innamorati di te. Sii gentile e compassionevole verso te stesso. Opererai così una guarigione (fisica e psichica) immediata, integrando e riattaccando le tue parti rotte, frantumate dal dolore.

L'Amore vince su tutto ed è capace di compiere miracoli. L'Amore risana e sistema qualunque ferita. L'Amore guarisce ed equilibra ogni cosa.

SEGRETO n. 5: sii gentile sempre.

La **Gentilezza** è Amore. Metti amore in tutto ciò che fai e dici. Comportati bene sempre con tutti e mantieni pulite così in questo modo le tue energie, dentro e fuori di te. Tutto questo tornerà a te attirando esperienze simili e allontanando persone o situazioni che vibrano a frequenze basse o sporche.

Sii gentile sempre, ne varrà sicuramente la pena. Nella peggiore delle ipotesi avrai fatto un dono inaspettato che lascerà un bel segno o, alla peggio, avrai fatto un regalo a te stesso, mantenendo pulite le tue energie e non inquinandole per chi nemmeno le meritava.

Soprattutto non giudicare perché chi giudica le persone non avrà il tempo per poterle amare. Anziché puntare il dito verso ciò che ti disturba o non conosci, cogli invece l'occasione per scoprire e magari comprendere. È con l'amore che entri nel cuore degli altri, ma soprattutto nel tuo.

E ricordati di essere gentile sempre perché, anche se non lo sai, tutti i giorni ognuno sta combattendo la sua battaglia e merita di essere trattato con amore. Già c'è tanto dolore nel mondo. Comincia tu ad essere gentile, prima con te stesso e poi con gli altri, tutti, nessuno escluso.

Le buone maniere usano il linguaggio del cuore, che tutti capiscono e apprezzano. La delicatezza è quella lingua che anche un cieco può vedere e un sordo può sentire. La cortesia supera ogni ostacolo e lo sistema. È questa la forza della gentilezza.

Amare è *Per*-donare

Il potere del Perdono

L'odio è un peso, lascialo andare. Impara a perdonare e rispondi con un sorriso.

***Perdona gli altri, non perché meritano il perdono, ma perché tu meriti la pace* (Buddha).**

Il perdono regala serenità e alza la qualità della vita quando lo doni, soprattutto ti evita di stare male, di spirito e salute. Chi perdona mantiene un ottimale flusso cardiaco e vive in un generale benessere psico-fisico.

Non è facile perdonare, ma puoi imparare a farlo, modificando il tuo atteggiamento. Del resto ne vale la pena, visto che perdonare dona più benefici a te che a chi perdoni.

SEGRETO n. 6: se vuoi volare alto, lascia andare i pesi. Abbandona la rabbia e spiccherai leggero verso nuovi e stimolanti traguardi.

Gestire la rabbia (magari fino ad annullarla) è fondamentale per tutti noi, in quanto essa è in grado di scatenare sentimenti distruttivi per la salute. Dirigiamoci piuttosto verso la focalizzazione degli obiettivi, dei sogni, del successo.

Provare rancore crea disturbi emotivi, psichici e fisici, sia a livello gastrointestinale che cardiaco perché produce sostanze stressanti quali il cortisolo e l'adrenalina.

È importante riempire la mente con pensieri positivi e improntati alle soluzioni e allenarsi a sostituire la rabbia con emozioni di gioia e ilarità, anche ridendo della situazione stessa – benché appaia quasi impossibile – ma basta fare pratica.

Abituati a ripetere: *a chi mi fa o augura del male io auguro ogni bene perché ognuno offre quello che ha.*

Se provi rabbia alimenterai il tuo cuore di veleno contro di te, allora fallo per te, se non altro per il tuo bene. Amati e impegnati ad allontanarti da questa emozione negativa.

Parti dal presupposto che, finché rimani nel risentimento, ti indebolisci e dai forza a esso e a chi lo induce. Anziché rimanere incatenato a quell'emozione negativa e bloccante, dalle un taglio e alza le tue vibrazioni. Riempi il cuore di pensieri e sentimenti benevoli.

Comincia a fare una cosa che ti piace, pensa a qualcosa di bello, parla con una persona amabile. Fai ogni cosa che ti doni benessere, affinché possa innalzare la tua energia e così attirerai situazioni e persone adeguate al tuo livello vibrazionale. Finché resti attaccato alla rabbia la alimenterai e attrarrai frequenze simili, che ti consumeranno ulteriormente.

Se invece elevi i tuoi pensieri e le tue azioni, farai svanire certe inutili sofferenze. Contro il livore difenditi praticando il perdono, la vera arma che vince tutto. Infatti se provi rabbia è perché ti concentri sulla **mancanza** di ciò che non hai ricevuto, ma già pensandoci ne attirerai ancora altra.

Rovescia piuttosto la tua opinione e pensa che dentro a quella delusione risiede la tua vincita. Allora immagina di essere soddisfatto e appagato. Sentine subito dentro di te la pienezza e così non ricadrai nella trappola.

Il rimedio immediato e ideale contro la rabbia – anche a difesa del nostro fegato – è sentirsi grati per essere diversi da chi ci ha fatto arrabbiare e rispondere con una fantastica e sincera risata.

SEGRETO n. 7: il perdono è comprensione ed è un dono che facciamo agli altri, ma soprattutto a noi stessi; lo dice la parola stessa (*per-dono*) allora *per-donate* e *per-donatevi* gli uni con gli altri.

Il perdono ti libera e ti salva. Districa la tua anima e fa svanire le tue paure. Il perdono scioglie i lacci emotivi della rabbia e del dubbio. Il perdono guarisce. Chi perdona lascia andare i pesi che lo bloccano. Chi perdona purifica le sue energie e le eleva.

Chi perdona cresce e diventa più forte, ma di una forza serena e sicura. Il tuo perdonare non è giustificare il comportamento altrui, ma impedire a quel comportamento di farti altro male ingiusto e inutile.

Anzi, quando qualcuno ti fa del male o ti invidia, pensa invece che, segretamente, in realtà vorrebbe essere come te. Quindi prendilo come motivo di orgoglio e siine fiero e ringrazialo della stima che in effetti nutre per te.

L'invidia è solo l'arida confessione di un fallito e pure perdente. Già, perché ha perso te e quello che vali. Quindi dovrai essere fiero di te, ringraziarlo e proprio in virtù di questo, perdonarlo. Perdonando, ti sbarazzi di ciò che ti ha ferito e già questa è libertà.

Il segreto della felicità è la libertà, che poi è coraggio. Quindi perdonare è riprendersi la felicità. Perdonare è sorridere e farsi vedere amorevoli e forti di fronte a chi ci ha colpito.

Perché se piangi darai loro il fianco, se ridi ti mostrerai vincente e confonderai o disarmerai il tuo avversario, oppure lo convincerai che di fronte a te anche i conflitti si sciolgono. Il sorriso è la tua vittoria, il tuo passaporto per la gioia.

SEGRETO n. 8: pratica il perdono. Perdona tutti e tutto, sempre e comunque. E innanzitutto comincia con il perdonare te stesso. Se non pratichi il "perdono" sei tra quelli che "pèrdono". Per-donare è farsi innanzitutto il dono più bello, quello della pace, che poi si moltiplicherà intorno a te in modo esponenziale.

Il perdono libera l'anima e cancella la paura (N. Mandela).

George Herbert scrisse che *chi non sa perdonare spezza il ponte sul quale egli stesso dovrà passare, perché ogni uomo ha bisogno di essere perdonato*, prima o poi. È così, nessuno è esente, non possiamo solo pretendere senza dare, anche perché prima o poi tutto torna e, se anche non fosse così, è meglio interrompere il male e il dolore piuttosto che protrarlo.

Nel perdonare è nascosta tutta la tua potenza. Il perdono è una scelta che devi fare per te, per il tuo bene, il tuo benessere. Se non perdoni permetti alla rabbia, al risentimento, al dolore, all'angoscia, di indebolirti. Allora compi un atto di paradossale quanto sano egoismo: perdona.

Se non lo farai tratterrai il rancore, che è la punizione che infliggiamo a noi stessi per l'errore di qualcun altro. E chi porta in serbo sentimenti di odio, ne sarà la prima vittima, perché distruggono chi li prova.

Se in passato hai errato per aver amato la persona sbagliata, non odiare altri o te stesso, per averlo fatto, anzi sii ancora più fiero del tuo cuore, che si è donato.

Piuttosto cambia rotta al tuo dolore quindi accetta, comprendi e lascia andare il male che hai ricevuto. Solo così non ti farà più soffrire e anzi ti porterà doni immensi e inaspettati. Sii costruttivo e cancella ogni offesa, anziché buttare tempo ed energie a

rimuginare e odiare, investi le tue forze verso il bene tuo e di altri, quindi ama.

È semplice, purché lenisci le ferite e i calli emotivi e li vedi sotto una prospettiva diversa. Per fare questo ti suggerisco un **esercizio** che è meglio ripetere in più momenti della tua giornata, come fosse il tuo bagno ristoratore di pulizia dal dolore.

Delizie di Smile Style
Esercizio del Perdono con la Doccia Emozionale.
Trova un posto tranquillo e anche solo per pochi attimi, chiudi gli occhi, fai dei bei respiri profondi, butta fuori l'aria con delle espirazioni lente e lunghe e vivi l'esperienza del rilascio.

Immagina di essere sotto la doccia, ma che a lavarti sia una gradevole luce blu, che dolcemente ti attraversa tutto, fino a ricoprirti completamente, ripulendoti dalle energie negative e dalle tensioni e inondandoti di un abbraccio di affetti gentili.

Senti come l'energia e il potere avvolgente dell'Amore, che giunge da quella luce e dall'alto, ti rinfranca, consola, ricolma di tranquillità e sicurezza, di relax e calore da scaldarti in ogni cellula e pulsarti dentro.

Senti come serenamente stai lasciando andare dalla tua pelle le persone e situazioni che ti hanno arrecato disturbo, dolore, tensione, risentimento.

Avverti la leggerezza del tuo corpo emozionale, ormai privo delle scorie tossiche che ti facevano soffrire, e senti dentro e fuori la sensazione meravigliosa di serenità, fiducia, autostima e amore verso te stesso. Insieme avverti il sollievo liberatorio della straordinaria emozione del perdono verso quelli che ti hanno ferito, che vedrai ora lontani e piccoli, mentre cadono nel tubo di questa doccia immaginaria, come l'acqua che scorre via.

Alla fine scrollati di dosso quel poco che ancora resta della rabbia, roteando il capo come quando un cane si asciuga il pelo bagnato. Per concludere fai un altro bel respiro e lentamente simula il gesto di sciacquarti le mani, finché apri gli occhi e sorridi.

Il perdono è fare pace con ciò che è stato, per dare un senso costruttivo a ciò che arriverà. Perdonare non modifica il tuo passato, ma salva il tuo futuro, benedicendolo. Perdonando ringrazi il vecchio e apprezzi il nuovo.

Questo è il perdono che ti porta verso il vero Bene; non il dimenticare o il continuare a sopportare le ingiustizie. Ecco cosa intendo quando ti parlo e ti auguro di perdonare.

Quella condizione dell'animo che è andato al di sopra delle memorie critiche e le ha viste da una prospettiva alta. È questo il perdono che ti regala pace e apre la porta alla felicità, perché ti fa riacquistare la libertà di vivere il momento presente senza i fardelli frenanti del passato.

Una volta riacciuffata la nostra autostima e centratura, saremo positivi e fiduciosi e guadagneremo tempo e salute. E non finisce qui. Non piangere per quelli che ti hanno fatto del male perché forse non se ne rendono conto e anche per questo vanno perdonati, perché non vale la pena rimuginare per coloro che nemmeno capiscono cosa hanno provocato.

Certe persone non sono cattive, sono semplicemente infelici, allora ancora di più devi inviare loro amore (e non rabbia), perché sono loro che ne hanno più bisogno. In questo dovrai distinguerti: pensa a fare del bene e senza esitazione.

E vale in ogni caso la pena perdonare perché, se invece si trattasse di persone coscienti delle loro malvagità, piangeranno loro quando vedranno che tu sorridi. Quindi perdona e sorridi a chi ti ha ferito perché la tua serenità e felicità è più importante dei loro tristi comportamenti. Nel dubbio, donati una risata del cuore, farai un dono a te stesso.

Se invece qualcuno ti fa sentire inferiore, è perché sei tu a permetterglielo. Mi spiego. Può capitare che ti venga detto qualcosa che ti ferisca (e questo può succedere anche senza intenzione). In ogni caso è una tua percezione (sei tu ad avvertirla, indipendentemente dalla volontà altrui), allora scegli la felicità e modifica la tua reazione.

Fai leva sulla tua autostima e pensa piuttosto che ognuno è diverso, con le proprie abilità e talenti e che molte cose sono opinabili o si possono acquisire, ma che nessuno è meglio di te e che ciascuno è semplicemente sé stesso.

In ogni caso, una volta ricevuto un torto, non possiamo tornare indietro e cominciare da capo come nulla fosse, però possiamo decidere come andare avanti nella maniera migliore e solo il perdono può aprire i nostri più felici orizzonti futuri.

Perdoniamo e useremo l'amore, un ossigeno che ripulisce anche l'aria più cupa, come quando qualcuno ti regala una rosa, ma il profumo resta nella mano di chi te l'ha donata.

Quindi non aggiungere dolore al tuo passato rivivendolo mentalmente, né è il caso di stressarti per la paura di un futuro che ancora deve arrivare, ma buttati con entusiasmo nel presente e fanne una meraviglia, la tua.

SEGRETO n. 9: la risata è perdono e il perdono è Libertà.

Quando ridi lasci andare le barriere e le tensioni, anche con chi le avevi alzate in modo solido. Ridere insieme a qualcuno equivale a instaurare emozioni di apertura e amorevolezza.

Ma il perdono libera innanzitutto te stesso, prima di colui che tu perdoni, infatti, come disse Lewis B. Smedes *perdonare significa liberare un prigioniero e scoprire che quel prigioniero sei tu.*

Pratichiamo il perdono per liberare quindi il nostro prigioniero dalle catene costruite dalla mente e da un passato ferito. Solo così potremo scrivere un futuro libero dai condizionamenti e dalle paure, radioso e felice. Allora decidiamo quanto prima di diventare noi stessi *per-dono, per ...donare* e soprattutto *per ...donarci!*

La gratitudine è la chiave. Vivi nella gratitudine e riceverai doni immensi.

SEGRETO n. 10: la Gratitudine è la chiave di volta. Il lasciapassare che accende la luce dell'Amore e lo invia all'Universo. Questo ne rimarrà attratto e risponderà felicemente regalandoti altrettanto Amore sotto varie e diverse forme.

Quando arrivi a vivere in una costante sensazione di amore (verso tutto) e vuoi applicare a tuo favore la Legge di Attrazione, il sentirti "grato" sarà la chiave di volta che farà schiudere le porte del bene e della gioia. Usa quindi più che puoi la forza della gratitudine e vedrai accadere miracoli.

Chi prova gratitudine maneggia l'energia maggiore che esista. Si dice che sia l'Amore il potere più grande e infatti è così, ma nonostante tutto è un sentimento che potrebbe essere minato da aspettative di reciprocità o da sfumature di esclusività o forme di possesso inconsapevole.

La sua espressione assoluta sarebbe il cosiddetto Amore Incondizionato, quello che non aspetta niente in cambio (come l'amorevolezza negli occhi di un cucciolo o di un bambino).

Anche in questo caso però l'amore da solo non eguaglia la forza che invece possiede la gratitudine, nel senso che sentirsi grati verso qualcuno o qualcosa fa emettere una vibrazione di un bene puro, che avvia immediatamente una analoga emozione di gioia anche nell'interlocutore (l'Universo prima di tutti), intrisa di un disinteressato affetto sincero.

Questa frequenza innesca all'istante un mutuo scambio vicendevole e tale moto dell'animo attiva al contempo la Forza di Attrazione, che a sua volta attirerà energie simili.

Per questo la cosa più bella che possiamo fare per noi (e anche per gli altri e per il mondo intero, visto che siamo tutti connessi) è esercitare la gratitudine e sentirsi grati il più possibile perché agiremo attraendo a noi analoghe cose buone e vivremo di giorno in giorno più felici.

SEGRETO n. 11: scopri e allena il potere della gratitudine: l'emozione che fa miracoli.

L'Universo risuona con te e ti risponde come un'eco, inviandoti esattamente ciò che tu stesso emetti a livello di vibrazione energetica. Più proverai gratitudine, più riceverai altrettanti motivi per cui essere grato. Stai lontano da rabbia, mancanza, rivalsa e astio, piuttosto sii grato di ciò che hai e ne avrai ancor di più.

Se invece stai vivendo nel desiderio di qualcosa che ancora non arriva, puoi sempre sfruttare a tuo favore questa Legge di Risonanza, ma con un piccolo trucco. Usa l'Energia della Gratitudine al contrario e anticipa il tuo *grazie*.

Impara la pratica della *gratitudine anticipata*: sii grato sin d'ora, immaginando di aver già ricevuto ciò che desideri e percependo dentro di te questa certezza. Vedrai che la magia avverrà.

Allenati costantemente in questo, ne vale la pena. È una legge fisica quindi matematica e pertanto infallibile. Di qui il motivo per cui ti suggerisco di esercitarla il più possibile, perché sarà a tuo vantaggio.

Quando provi gratitudine acceleri l'abbondanza. *Grazie* è la preghiera più potente e più nobile che puoi avere. Il sentire riconoscenza e gratitudine è inoltre un perfetto alleato per la tua salute poiché stimola le emozioni positive e gli ormoni del cervello limbico che rinforzano i meccanismi di autoriparazione e guarigione.

Ti auguro con tutto il cuore di sviluppare più che puoi il tuo sentimento più forte, quello di essere grato.

SEGRETO n. 12: coltiva la gratitudine.

Un tramonto, un amico, una passione. Siamo circondati da bellezza, ricchezza e amore, ma diamo tutto per scontato e offuschiamo o ci perdiamo questa gioia continua. Se vedessimo tutto ciò che possediamo o che riceviamo costantemente, piangeremmo di felicità.

Ricordiamoci di essere grati e di celebrare quello che va bene. Compiliamo pure una nostra *lista di ringraziamenti*, modificandola ogni volta che vogliamo o prendendo spunto dagli accadimenti del momento e, prima di andare a dormire, ringraziamo la vita per almeno tre cose belle accadute durante la giornata, anche fossero piccole o banali (ad esempio l'averla vissuta o aver respirato, camminato, mangiato).

Ringrazia ciò che va bene e il tuo occhio interiore comincerà a vedere solo le cose belle e buone per te e vedrai che ne appariranno sempre di più. Concentrati sui doni che ricevi e ne riceverai altrettanti.

Anzi, impara a salutare a braccia aperte il mondo e la vita ogni mattina con la frase: *Grazie Universo: sono pronto a ricevere le belle sorprese che oggi mi regalerai.*

SEGRETO n. 13: impara a percepire il bello e il buono e migliorerai la tua realtà.

Se vivi sentendo e sintonizzandoti sul bello, l'armonia, la perfezione, l'amore, automaticamente li attirerai e migliorerai la realtà. Sei un magnete, allora caricati alla frequenza che desideri attrarre.

Lamentarsi è umano, è uno sfogo più che naturale, ma si dice che *la sfortuna viene dalla bocca, la fortuna dal cuore.* Il lamento deprime, il cuore invece ha potenzialità infinite. Se desideri qualcosa devi volerlo a tutti i costi e crederci (oltre che agire per realizzarlo) e gli ostacoli svaniranno.

Cerca ciò che desideri, ma *sentilo* dentro e vivilo a livello emozionale, come se l'avessi già ottenuto. Questo atteggiamento metterà il turbo alle cose che ti arriveranno e che saranno in linea con la frequenza che emani.

Anche i nostri pensieri hanno grandi poteri, sta a noi usarli per intasare o liberare la mente. Modificando i nostri pensieri ed emozioni, cancellando i blocchi interiori, faremo manifestare il bello e il buono intorno a noi, che poi sono forme dell'Amore. Ricercare la bellezza e l'amore è ricercare il Divino. E questo devi farlo sempre e a tutti i costi.

Fai un esercizio costante: vedi in tutte le cose, anche in quelle apparentemente brutte, quello che di buono c'è per te. In questo modo diventerai consapevole che in ogni cosa vi è la presenza dell'Amore.

Ti sorprenderai nel vedere che anche nelle cose che non ti piacciono affatto, vi è qualcosa che sarà il tuo Bene. Arriverai così a scoprire che ogni cosa è la cosa migliore che ti potesse capitare.

La Grazia

SEGRETO n. 14: allena ogni giorno i tuoi sentimenti di gratitudine, per sviluppare e attrarre nuovi doni dalla vita, fino a raggiungere lo stato della Grazia.

La gratitudine accende ed espande la tua consapevolezza e scatena un cambiamento radicale, esercitando effetti benefici sulle stesse cellule umane. Allora allena questo sentimento e catturerai l'incredibile potere che ha la gratitudine, capace di operare in te una vera e propria trasformazione spirituale.

Normalmente affidiamo alla mente e all'Ego le nostre decisioni, ma la nostra è una visione condizionata dal nostro passato e dalla limitata comprensione che abbiamo delle cose. Per questo i programmi che facciamo vengono spesso ribaltati dalla Vita.

Abbandoniamoci invece alla Grazia del Sé Superiore, che vede tutto come parte di un'unica realtà. Concepire questo tipo di *Grazia* è percepire dentro di noi l'Amore Divino, che ci fa sentire amati, connessi, soddisfatti e appagati, risvegliati nello stato elevato della Coscienza Divina.

Considera ogni evento una Grazia. Benedicilo e ringrazialo. Eserciterai così il potere più grande, la Gratitudine, recitando la preghiera più potente: *Grazie*.

Delizie di Smile Style

Esercizi di Gratitudine: vivi ogni giornata come una festa di compleanno perché hai ricevuto anche oggi in regalo un magico bonus di 24 ore da spendere come vuoi. Investile al meglio.

Delizie di Smile Style

Esercizio di Gratitudine del risveglio: Allenati a salutare e ringraziare te stesso, preparandoti al meglio alla giornata che sta iniziando. Ricorda sempre che la persona che vedi nello specchio merita tutto il tuo amore. Ogni mattina fai un inchino al tuo corpo e alla tua anima.

Quando ti alzi saluta con un bel sorriso il tuo cuore, il tuo stomaco, i tuoi polmoni, il tuo fegato, i tuoi arti, i tuoi sensi, la tua mente, il tuo Spirito. È da loro che dipende tutto, quindi onorali quanto meritano e nutrili della tua riconoscenza. La tua giornata è nelle loro mani.

Amali e apprezzali e invia loro luce e amore. Inizia il nuovo giorno recitando il più insospettato mantra di gratitudine quotidiana, di cui purtroppo ci ricordiamo solo quando non stiamo bene, ma che invece non dobbiamo mai dimenticare, per apprezzare e aumentare ciò che ci viene donato costantemente:

Oggi mi sento fortunato perché sono vivo! Buongiorno (e nomini i tuoi organi), vi ringrazio per assistermi in questa giornata, piena di energia grazie a voi. Do il benvenuto a questo giorno con l'Amore nel cuore.

Oggi amerò tutto e tutti, per seguire e perseguire la mia massima gioia, divertendomi in tutto quello che faccio. Mi apro a ricevere e a cogliere tutte le opportunità che il mondo sarà felice di offrirmi, ispirando me stesso e chi incontro a dare sempre il meglio, con generosità, in abbondanza, con entusiasmo e rimanendo centrato e sempre nel focus della visualizzazione dei miei desideri.

Per questo sorrido a me e alla vita, ringraziandola e onorandola nel vivere al massimo.

Entusiasmati d'amore, verso te e verso tutti e a quel punto è ovunque un buongiorno, perché è l'Amore stesso che ti ha dato la sveglia.

Delizie di Smile Style

Esercizio di Gratitudine prima di andare a dormire: Tieni un diario della gratitudine in cui, a giornata conclusa, annoti i doni ricevuti oggi, le benedizioni, le fortune. Sii grato per tutte le cose che già possiedi e non darle mai per scontate.

Soprattutto ringrazia te stesso, per essere come sei, per amarti e per desiderare sempre il meglio.

Alla fine di ogni giornata ripensa a quello che hai affrontato e abbracciati forte, come fossi una persona importante per te. Mandati amore puro e di' a te stesso *grazie* e pronuncia il tuo nome.

Studi scientifici dimostrano che chi si complimenta con sé stesso raggiunge più risultati di chi si consuma nell'ansia di non riuscire.

Prima di addormentarti senti già dentro di te la gioia della giornata di domani. E mentre ti visualizzi in un meritato e intenso riposo, abbraccia un sogno e tienilo stretto, dormirà con te e ti cullerà nella gioia che diventi realtà.

RIEPILOGO DEL CAPITOLO 2:

- SEGRETO n. 1: l'Amore è il Tutto, il Tutto è Uno e l'Uno è Amore. Onora l'Amore sia donandolo, sia permettendo a te stesso di accoglierlo. Sii Amore e sarai la forza dell'Universo.

- SEGRETO n. 2: sii capace di individuare il tuo Bene anche in un evento negativo, e sarai consapevole della ragione evolutiva secondo cui ogni cosa accade.

Delizie di Smile Style

Esercizio del saluto mattutino amorevole al tuo bambino interiore.

Esercizio del rinforzo felice.

- SEGRETO n. 3: se manca qualcosa nella tua vita, riparti da te e amati.

- SEGRETO n. 4: sii indulgente con te stesso. È il primo passo per imparare ad amare.

- SEGRETO n. 5: sii gentile sempre.

- SEGRETO n. 6: se vuoi volare alto, lascia andare i pesi. Abbandona la rabbia e spiccherai leggero verso nuovi e stimolanti traguardi.

- SEGRETO n. 7: il perdono è comprensione ed è un dono che

facciamo agli altri, ma soprattutto a noi stessi; lo dice la parola stessa (*per-dono*) allora *per-donate* e *per-donatevi* gli uni con gli altri.

- SEGRETO n. 8: pratica il perdono. Perdona tutti e tutto, sempre e comunque. E innanzitutto comincia con il perdonare te stesso. Se non pratichi il "perdono" sei tra quelli che "pèrdono". Per-donare è farsi innanzitutto il dono più bello, quello della pace, che poi si moltiplicherà intorno a te in modo esponenziale.

Delizie di Smile Style

Esercizio del Perdono con la Doccia Emozionale

- SEGRETO n. 9: la risata è perdono e il perdono è Libertà.
- SEGRETO n. 10: la Gratitudine è la chiave di volta. Il lasciapassare che accende la luce dell'Amore e lo invia all'Universo. Questo ne rimarrà attratto e risponderà felicemente regalandoti altrettanto Amore sotto varie e diverse forme.
- SEGRETO n. 11: scopri e allena il potere della gratitudine: l'emozione che fa miracoli.
- SEGRETO n. 12: coltiva la gratitudine.
- SEGRETO n. 13: impara a percepire il bello e il buono e migliorerai la tua realtà.

- SEGRETO n. 14: allena ogni giorno i tuoi sentimenti di gratitudine, per sviluppare e attrarre nuovi doni dalla vita, fino a raggiungere lo stato della Grazia.

Delizie di Smile Style

Esercizi di Gratitudine: vivi ogni giornata come una festa di compleanno perché hai ricevuto anche oggi in regalo un magico bonus di 24 ore da spendere come vuoi. Investile al meglio.

Delizie di Smile Style: **Gratitudine del risveglio.**

Delizie di Smile Style: **Gratitudine prima di andare a dormire.**

Capitolo 3:
Come giocare a "la felicità"

La felicità è un gioco semplice

che abbiamo imparato da piccoli,

ora ce lo siamo solo dimenticato.

Stefania Soldati

I più credono che potranno essere felici solo dopo aver raggiunto i traguardi desiderati: terminati gli studi, incontrato l'amore, risolto i problemi, migliorate le relazioni, perseguiti gli obiettivi materiali.

Questa però è una sensazione che dipende da altre persone o da determinati eventi. La felicità invece è altro. Essere felici è essere capaci di gioire in qualunque circostanza, a prescindere dalla situazione esterna e la puoi raggiungere a patto di gestire a tuo favore e in modo funzionale le risorse interiori.

Adopera al meglio la tua "cassetta degli attrezzi" emotiva e impara ad attraversare le sfide della vita con il cuore che batte di gioia sempre e comunque, nella costante fiducia che in ogni cosa risieda comunque un dono, anche nell'ipotesi di non raggiungere l'obiettivo, perché in favore di una meta migliore per te.

Armati di curiosità, meraviglia, entusiasmo. Stupisciti e innamorati di te stesso e di quello che stai facendo in ogni istante. Intanto goditi al massimo il viaggio e già questa è felicità. Complimentati, festeggiati e vivi ogni giorno come la scoperta e la festa più bella. Fai come quando eri bambino.

Mi presento, mi chiamo Felicità. Ci conosciamo da sempre, ma ti sei dimenticato di me.

SEGRETO n. 1: Felicità, quella disconosciuta creatura che tutti cerchiamo ansiosamente, senza sapere che è davanti ai nostri occhi, basta avere le lenti giuste.

Conosco molte persone che definisco infelici poiché vivono perennemente nella nebbia dell'anima e brancolano nella totale incapacità di affrontare le cose in modo risoluto. Non riescono mai a vedere una via di scampo, anzi consumano energie preziose, costruendosi da sole un catalogo di sconfitte annunciate.

Sì, perché la felicità – come l'infelicità – è una proiezione materiale di ciò che pensiamo, dei pensieri con cui nutriamo la mente e che alimentano i nostri comportamenti. Ne siamo noi gli artefici. Mi spiego. Ci hanno abituati a pensare alla felicità collegandola a situazioni esterne e facendola dipendere dagli altri, non da noi.

Peggio ancora la associamo a cose momentanee: una macchina nuova, una promozione, un innamoramento. Queste non sono permanenti e spesso ci innescano addirittura nuova ansia immediata: l'auto o la promozione ci fa pensare quanto durerà o a come salire il prossimo *step* e così viviamo rapidamente nuove preoccupazioni.

Un circolo vizioso in cui ci leghiamo da soli, sempre più tesi e stressati, bruciando le premesse stesse alla felicità, che invece sono serenità e centratura nel *pick-state* dell'energia vitale.

La felicità quindi non è l'eccitazione temporanea per cose spesso passeggere. Ciò cui dobbiamo ambire invece è una condizione costantemente gioiosa dell'animo, indipendentemente da quello che succede al di fuori di noi.

Sei nato per essere felice, ma hanno fatto di tutto per fartelo dimenticare. Vedi i bambini, loro gioiscono anche senza una ragione. Questo è essere felici.

Non intendo dire che dobbiamo vivere in un *non-sense* o in un folle scollamento dalla realtà, piuttosto fare la scelta consapevole di decidere noi stessi il nostro stato d'animo e non lasciarlo gestire ad altri o da ciò che ci succede.

Essere *come* dei bambini e *non* essere bambini: rimanere centrati nella gioia e comportarsi di conseguenza. Questo cambiamento interiore determinerà un cambiamento esteriore nel mondo intorno a noi. Alleggerisciti dei pesi emotivi e apri le braccia alla gioia e presto arriverà.

L'ho sperimentato attraverso la mia malattia. Quando tutto andava male, ho notato che pensarci mi faceva impazzire allora, in un momento di disperazione ho deciso, con un atto ai limiti dell'incoscienza, di scrollarmi di dosso tutte le preoccupazioni e di viaggiare leggera verso le cose belle, sicura che sarebbero arrivate.

Ho immaginato fosse un gioco, come in un film, e che intanto mi dovevo godere l'avventura. E così è avvenuto. Ma il mio atteggiamento mi è stato di aiuto e sollievo.

Ho scoperto così che la felicità è un modo di essere, uno stato d'animo costante. Per farlo però è necessario organizzare una struttura comportamentale che ti conduca al tuo nuovo te stesso, felice e vincente, per decisione consapevole.

Del resto le neuroscienze hanno dimostrato che si può essere felici per scelta quindi, allenandosi, la felicità diventa una vera e propria competenza e abilità, come imparare una lingua o un'arte, costruendo questa tua nuova capacità giorno per giorno.

Quando *imparerai* ad essere felice (o meglio ad avere un

atteggiamento gioioso e vincente) non ne potrai più fare a meno e, di contro, ti renderai conto quante difficoltà prima eri tu stesso a crearti, con la tua immaginazione, dando "cibo" mentale alle tue paure.

Ne assaporerai tanti di quei benefici, nella qualità e leggerezza della vita e delle relazioni, e in modo così semplice, che ti sembrerà un peccato non averlo fatto prima e gli altri vedranno il tuo cambiamento, che li magnetizzerà verso il tuo modo di essere. È bello incontrare una persona felice non perché sia fortunata, ma perché lo ha deciso, e ognuno vorrà assomigliarti!

È *imparando* la Felicità (come fosse una materia scolastica o un'attività artistica) che potrai essere felice in modo continuativo perché, in questa condizione di gioia interiore, comincerai a vedere il Bene per te sempre, anche nelle situazioni meno belle, e intercetterai in ogni problema se non altro un'opportunità costruttiva per la tua crescita.

Ponendoti in quest'ottica, affronterai ogni cosa in modo positivo e vincente, si innalzerà il tuo livello complessivo di umore e di energia (corporea e psichica) e aumenterà la tua produttività: con l'animo ricco di belle emozioni e di gioia pura, si vive più leggeri e concentrati e innalziamo l'efficienza fisica e mentale, ma soprattutto la salute in generale.

SEGRETO n. 2: Felicità è avere sempre l'Amore nel cuore.

La parola stessa in greco è *eudaimonìa* formata da *eu* (bene) e *daimon* (spirito) per cui *felice* è lo *spirito buono* (cosa che sostengo fortemente nel mio Metodo). È significativo pertanto sapere che Platone associò la parola *infelice* a *malvagio*.

Se vuoi accedere alla felicità allora nutri la tua anima e il tuo cuore con l'amore puro. Parti da te e amati. Parallelamente prova amore verso tutto e invia sempre amore a tutti.

L'energia del Bene ti pulirà e arriverà a chi incontri e si diffonderà tutto intorno a te creando un involucro di magia, che è l'embrione della felicità. Questo è il segreto dei segreti: l'Amore può tutto ed è l'accesso privilegiato alla Felicità.

SEGRETO n. 3: la felicità è un atto di volontà, un atteggiamento, infine un modo di essere e scaturisce da una visione positiva coltivata nell'animo, capace di attivare la Legge di Attrazione e di intercettare tesori nascosti.

Raggiungere la felicità può essere il frutto di una decisione. Quando la vita mi ha messo duramente alla prova e ho vissuto grandi dolori, la sofferenza era tale che non pensavo di farcela.

Poi però mi sono guardata intorno e ho ammirato la bellezza di tutto ciò che mi attorniava: i miei affetti, la musica, le mie passioni, la mia città, il sole, il mare, la natura. In quell'istante ho percepito l'intensa bramosia con cui desideravo afferrare la vita ancor di più, con le unghie e con i denti e a qualunque costo, e mi sono detta che, a dispetto di tutto, non ci avrei mai rinunciato in alcun modo.

È stato in quel momento che ho ideato il mio mantra, che è stato come un *dictat* quotidiano e dice *Io decido di essere felice sempre: ogni giorno, ogni momento, in ogni atto che vivo o che affronto.* È diventato il mio motto, la cifra che ormai mi accompagna costantemente e che ha sortito realmente risultati concreti.

Con tale prospettiva ho affrontato ogni momento sempre con la **determinazione** salda di sentirmi felice dentro a dispetto di quello che avveniva fuori. È per me una vera e propria formula magica.

Quando ho superato interventi chirurgici e analisi delicate mi ripetevo come un ritornello queste parole, concludendole con un luminoso *va tutto bene*. Ho decretato e *attratto* nel vero senso della parola la mia guarigione e così è stato!

Ma questo l'ho voluto e cercato io perché, ad esempio, anche nei momenti più terribili mi sono sempre data speranza sussurrandomi con amore e ottimismo *troverò il risvolto positivo anche di questa situazione.*

Ecco come la felicità è stata una scoperta per me, perché ho tolto il velo dell'apparenza che ricopre le cose, per arrivare ogni volta al Bene che a volte è semplicemente nascosto dentro a un problema.

Anche tu puoi farlo. Vuoi essere felice? Riempi il tuo cuore di amore innanzitutto. Poi chiediti il *perché* di ogni cosa e dei conflitti che vivi e ti suggerisco di chiedertelo con forza, dato che solo con un *grande perché* troverai dentro di te la strada, il *come* arrivare alla soluzione.

Questo concetto, che definisco *felicità volontaria* è il risultato di decisioni e azioni consapevoli. *Nulla accade davvero senza che noi lo vogliamo. La realtà è la proiezione della nostra volontà. Volere la felicità è ottenere la felicità* (Confucio).

SEGRETO n. 4: sfrutta in positivo il fenomeno della Risonanza e risuona con la Felicità.

Ogni cosa attira a sé cose ed eventi simili al livello della vibrazione che emana e che riflette, allora alleati alla Risonanza e attrarrai ciò che senti dentro. **Sii felice, abbi pensieri felici, vivi emozioni felici e la vita ti restituirà tutto questo in abbondanza.**

L'ambiente a noi circostante ci comunica sempre quello che noi siamo ed emettiamo. Il mondo risponde a ciò che sentiamo nel cuore, l'avere non è altro che una conseguenza. Ecco perché hai un dovere verso di te, verso gli altri e il mondo intero: **dai il tuo contributo al mondo donando la cosa più benefica, regala Felicità.**

Oggi viviamo in una società opulenta di beni materiali, nonostante quella che chiamiamo crisi che in ogni caso non oso paragonare alla vera crisi di beni concreti che vivevano i nostri nonni, in cui in casa spesso non si aveva nulla da mangiare.

La vera povertà dei nostri tempi è la mancanza di valori, di buoni sentimenti, di felicità. Ci troviamo spesso a sentirci soli o a vedere persone che soffrono di tristezza o peggio di depressione. Sono mali dell'animo e derivano principalmente dalla carenza di affettività e gioia.

È importante e urgente oggi più che mai donare e donarsi agli altri e, oltre che con beni concreti, il maggior aiuto che possiamo dare è spargere felicità. Inizia da te stesso senza sentirti egoista e, se vuoi essere un contributo al mondo, sii felice perché il mondo ha bisogno di persone allegre, non dimenticarlo mai!

Potresti chiedermi: e se non sono felice come faccio? Tu intanto indossa la felicità, tuffatici come in un'emozione di avvolgente benessere. Immagina, senti, percepisci, vivi momenti di felicità passata e futura. Vestititi di gioia, ma anche di amore perché la felicità è la cifra dell'amore.

Sii felice, il motivo arriverà. Lo attirerai alzando la tua energia e sintonizzandoti anticipatamente alla frequenza della gioia e l'Universo ti risponderà. Tu comincia col donare al mondo la tua parte più bella: il tuo affetto e il tuo sorriso. Il mondo ha bisogno di te. Pensa ad essere felice e dona la tua felicità a chi incontri.

Gli farai il regalo più bello e lo contagerai. Lui poi farà lo stesso anche con altri e così via, fino ad aumentare in modo esponenziale il numero dei… portatori sani di felicità!

Se non sai come fare, prendi esempio dagli insegnanti migliori nel campo: i bambini!

Torna bambino e diventerai grande

Tutta quella fretta di crescere per poi accorgersi che i **bambini** possiedono il potere più bello: rimanere **connessi** alla potenza della nostra Essenza Divina. Si vede da quello che irradiano.

L'immediatezza, la semplicità, la leggerezza, la concentrazione, la fiducia, l'essere se stessi al cento per cento, concentrandosi al massimo in tutto quello che fanno. Fai come loro.

Chi è un bambino? È un **Maestro**, perché è sicuro di sé e spavaldo (quindi dotato di autostima), rilassato e centrato nel qui e ora, essenziale (quindi semplice), vede ogni cosa dal suo lato migliore, è affettuoso e coraggioso, non pensa troppo, si muove, gioca e si diverte in ogni cosa che fa. È sempre felice.

SEGRETO n. 5: vuoi riprenderti la Felicità? Torna bambino.

I bambini posseggono tutti gli ingredienti per una felicità salda: ridono spesso, non si sentono inadeguati, hanno il cuore aperto ad accogliere e non conoscono il giudizio.

Allora fai un tuffo istantaneo nella felicità: torna come quando eri bambino. Riacquisterai subito la tua forza insieme a un'invincibile fiducia in te stesso.

La Felicità non è un oggetto o un luogo, la Felicità è uno stato. Così la soddisfazione, l'energia e la certezza che tutto è bello e ogni cosa va bene.

La Felicità non è niente che devi imparare. È qualcosa che devi solo ricordare, perché è già dentro di te, qualcosa che la tua anima conosce da sempre. Per farlo devi ritornare bambino. Tratta te stesso come un Re. Hai già tutto di cui hai bisogno quindi vivi la vita con fiducia e libertà. Soprattutto divertiti e gioca.

SEGRETO n. 6: quando fai qualunque cosa, soprattutto le più importanti per te, ricordati che ti devi divertire.

Il divertimento rende facile le cose, anche quelle più difficili e soprattutto rende leggero ogni impegno. Ad esempio, se devi pulire casa, potresti essere refrattario già solo all'idea. Invece ingegnati e calati in una "parte" di te allegra e quindi funzionale.

Io per esempio metto la musica alta e pulisco ballando e mi diverto da matti!

Parlando poi di cose più serie e importanti ancora di più ribadisco questo consiglio prezioso. Quando decidi di fare qualcosa, che sia studiare medicina o imparare un mestiere, ricordati sempre che dovrai farlo divertendoti, perché solo allora potrai attingere al potere per eccellenza: l'energia della passione.

La passione è quel fuoco sacro che ti brucia dentro e che fa da benzina al motore delle tue emozioni più belle, che ti fa marciare dritto e felice verso la meta senza esitazione o stress.

È quella polvere magica che fa sparire la fame e allevia il peso dei sacrifici e delle ore che passano. Infatti quando fai una cosa noiosa il primo segnale è guardare continuamente l'orologio e controllare il tempo.

E se non sai come fare? Allora immagina che sia un **gioco** e che tu fai stai facendo solo la tua parte del bravo giocatore. Recenti studi dimostrano che il divertimento porta frutti in ogni ambito, anche in quello scolastico. Per questo i nuovi metodi di apprendimento si basano spesso sul gioco.

Quando un educatore riesce a catturare la classe con attività divertenti, il rendimento degli alunni cresce in modo esponenziale. Allora, qualunque cosa farai, falla appassionatamente e soprattutto ricordati che devi farla in modo divertente.

SEGRETO n. 7: ascolta la musica e fatti guidare dal ritmo. Danza, balla, muoviti: libera il tuo corpo dai legacci invisibili che lo tengono bloccato.

Se ancora non riesci a immedesimarti in una giusta e quindi produttiva atmosfera giocosa, allora posso suggerirti un altro potente strumento di aiuto per uscire immediatamente dai blocchi o schemi mentali. Ascolta la musica e se vuoi balla. Muoviti, danza, salta, fai ritmare il tuo corpo e sciogli le catene che lo legano.

La musica possiede uno straordinario potere di demolizione dei paradigmi. È capace di spostare la tua consapevolezza verso altro, spesso magari di più costruttivo e creativo. Distrugge i vecchi tunnel del pensiero, allentando immediatamente tensioni e reti neuronali, per crearne di nuove, più libere e generative.

Se non altro rilascia tensioni e stress e già così alleggerisce fisico e mente. Del resto la musica è il nostro primo e universale linguaggio, i suoni di quando eravamo neonati.

Ascolta tanta musica e lasciati trascinare dal suo potere liberatorio. Ballare e cantare avvicinano all'Amore perché non si può stornellare e piangere allo stesso tempo.

SEGRETO n. 8: meravigliati e stupisciti. Pratica la spensieratezza e allenati all'euforia.

Noi siamo venuti su questa terra per essere felici e per vivere in un corpo sano. Siamo qui con lo scopo di provare amore, gioia, unione e gratitudine. È complicato farlo adesso che siamo adulti e strutturati in categorie mentali spesso depotenzianti e demotivanti, persino peggiorate da preconcetti o presupposizioni.

Ormai abbiamo perso la spensieratezza di quando eravamo piccoli, ma invece, ancora di più, abbiamo il dovere di recuperare il gusto per la vita che hanno i bambini. Facciamo come loro e cominciamo a vivere da adesso la vita nella pienezza dell'Amore e della Gioia.

Anche solo attraverso l'immedesimazione con il nostro *Io-bambino*, già così diventeremo immediatamente più leggeri e focalizzati, sicuri di noi e fiduciosi, produttivi, attivi, gratificati e gioviali.

Esattamente come fanno i bambini i quali, anziché mentalizzare, agiscono, anziché essere prevenuti, fanno loro il primo passo, anziché alzare muri, gettano ponti, anziché partire da convinzioni depotenzianti, vivono con leggerezza e completamente concentrati nell'istante presente.

Si tuffano nella vita con la fiducia che sia un'esperienza meravigliosa e, in ogni caso, da vivere in pieno, comunque vada. E se ogni tanto, in tutta questa gioia, ci concediamo scatti di risate, emozioni di meraviglia, di stupore, di eccitazione e di euforia, saremo portatori sani di vita e i risultati saranno straordinari.

SEGRETO n. 9: sii affettuoso. Recupera l'affettività dei bambini e dei cuccioli e dona te stesso nei tuoi atti di generosità sentimentale più semplice e senza aspettative. La vita è uno specchio e ti restituirà lo stesso.

Di' spesso *ti voglio bene*. Non considerarlo un segno di debolezza, ma di forza perché, a dirlo, bisogna avere **coraggio**. La nostra paura più grande infatti è quella di essere rifiutati o anche non accettati.

Sono timori che ci costruiamo con l'età, si formano con le esperienze negative e si sedimentano in noi come calli di difesa, utili certamente a proteggerci da future delusioni.

In parte è corretto che il nostro sistema emotivo ci metta in allarme di fronte a un pericolo potenziale, facendoci venire nella mente inconscia i ricordi di ciò che ci ha procurato sofferenza, ma talvolta queste difese creano l'effetto contrario, impedendoci di vivere il presente con serenità e magari regalarci possibilità che potrebbero schiudersi.

Aver sofferto ci fa chiudere, temere, diffidare e quindi non dare noi per primi. Chi fa così, aspettandosi dall'altro il primo passo, si crea però uno schema di insuccesso in partenza, perché si preclude le eventuali opportunità.

Non dico che sia facile buttarsi, dimenticandosi le ferite, ma nemmeno è giusto che queste prendano il sopravvento, impedendoci di accogliere le infinite possibilità dell'Universo.

Ognuno si aspetta la dolcezza dall'altro e, quando non arriva, diventa la conferma delle nostre profezie auto-avveranti (negative, in questo caso). Proviamo piuttosto noi per primi a tuffarci nelle occasioni e, per tutelarci, con la visione del *come va, va*, almeno però io mi sono dato una possibilità!

Sii affettuoso, amorevole, generoso e garbatamente spontaneo e soprattutto estroverso. Lo devi se non altro a te stesso perché **l'affettività è l'antidoto più forte contro le tue paure**.

Paradossalmente, più ne hai bisogno e più ti suggerisco di donare tu per primo ciò che senti ti manca, che sia la tenerezza, il romanticismo, la gentilezza. Sono i rimedi omeopatici a ciò che devi curare, al timore di non ricevere, di non essere accolto, riconosciuto, amato.

Vuoi affetto? Donalo tu per primo! La vita si comporta come un'eco, allora se non ti piace quello che ti manda, modifica il messaggio che tu le invii e lei cambierà prontamente la sua risposta.

E se credi di aver bisogno di una coccola, pensa che ne hanno bisogno anche gli altri, che magari non aspettano altro che riceverla, per poi restituirtela. E tutto diventa magicamente semplice.

Scegli la naturalezza, sii spontaneo e diventa tu stesso il riflesso di quello che vorresti ricevere. Se desideri amore, dona amore; se vuoi onestà, sii onesto; se vuoi il rispetto, sii rispettoso, perché quello che darai ti tornerà sempre, anche se talvolta ti verrà restituito in situazioni e modalità diverse.

Senti dentro di te un'autentica amorevolezza e sprigionerai negli altri la più amabile e disarmante tenerezza, come capita quando incontriamo un bambino.

SEGRETO n. 10: il tempo è la tua ricchezza più grande. Abbi a cuore il valore del *subito* e supererai tutte le tue paure.

Relazionati al tempo come a un gioco e prendi esempio dai bambini. Loro se lo "giocano" al massimo perché danno valore alle piccole cose e sfruttano ogni momento per raggiungere i propri sogni.

Non dire mai di non avere abbastanza tempo perché tu ne hai lo stesso dei grandi personaggi e dei premi Nobel, quindi non hai scuse. Ogni giorno hai 86.400 secondi a disposizione, allora investili in ciò che desideri e in cui credi e non sprecarne nemmeno un po', perché è come avere un conto corrente che, se non lo sfrutti, svanisce.

Il tempo che hai oggi non puoi trasferirlo o portarlo a domani, se non lo usi va perso e non torna più. Per questo è il regalo più prezioso che si può fare, perché non ritorna: il tempo che dedichi a qualcuno è solo per lui e non può essere mai più di altri.

La tua ricchezza è il tempo. Non perderlo, impiegalo in attività accrescitive, gratificanti e felici.

Ogni volta che tentenni o rimandi qualcosa, ricorda che la risposta è nell'azione, come fanno i bambini. Torna alla leggerezza dell'infanzia e buttati nel "fare". Sgombra la mente dai pensieri bloccanti: riconoscili, accoglili, ringraziali e lasciali andare. Una volta fatta questa pulizia mentale, buttati e agisci.

E se hai paura di non riuscire a fare qualcosa, allora ancora di più inizia a farla e basta, senza pensarci. Se ti fermi a riflettere, la tua paura ti gestirà e ti farà bruciare altro tempo prezioso. La paura purtroppo domina la nostra vita, ma il suo antidoto è l'azione, allora decidi e agisci nell'immediato.

È questo il valore della felicità. Smettila di aspettare: l'amore, il momento migliore, l'estate, il fine settimana e altre scuse. La felicità è quando smetti di cercarla e vivi il presente, con pienezza e senza aspettative, divertendoti e amando ogni istante. Sii felice da adesso e sorridi più tempo che puoi. Fallo ora! Non rimandare a domani, sii felice oggi e da subito.

Non aspettare di avere tutto per goderti la vita, perché hai già la Vita per godere di tutto! Vai e vedi solamente avanti e non girarti mai per guardare all'indietro. Pensa un po' cosa sarebbe successo a Cenerentola se si fosse voltata a guardare indietro e se avesse raccolto la scarpetta: non avrebbe trovato il suo Principe Azzurro.

Ti auguro di vivere la vita attimo dopo attimo, sempre e solo in avanti, con il sorriso e l'allegria di chi si affida con fiducia alla forza creatrice che è amore puro e che agisce sempre per il bene supremo.

SEGRETO n. 11: vedi il bello in ogni cosa, fai come fanno i bambini. Vivrai senza stress, raggiungendo i risultati migliori e in modo facile.

In ogni cosa è nascosto un dono, basta imparare a vederlo. Una volta assunto questo atteggiamento scoprirai tesori inaspettati e svilupperai una gratitudine ogni volta più sorprendente che, proprio in virtù della sua energia di Bene, attrarrà ancora altre occasioni di cui essere grato.

Questa prospettiva positiva accende una reazione a catena di motivi di contentezza. Cercare il lato positivo è quindi il detonatore di una successione di scintille di gioia.

SEGRETO n. 12: vedere il mondo con gli occhi di un bambino è vedere le cose per quello che sono, senza fronzoli e complicazioni e questa è Semplicità. La semplicità è ricchezza e insieme bellezza.

I fanciulli trovano tutto nel nulla, gli uomini trovano il nulla nel tutto (G. Leopardi). La semplicità è forza. La semplicità è bellezza. Cercala ovunque e se sarai capace di vedere la bellezza è perché porterai la bellezza dentro il tuo cuore.

La vita è uno specchio nel quale ognuno vede il proprio riflesso. Vestiti di bellezza e amore e ne sarai attorniato. La vita è un'eco e ti risponderà alla stessa frequenza. Allora spargi amore e sorrisi più che puoi.

RIEPILOGO DEL CAPITOLO 3:

- SEGRETO n. 1: Felicità, quella disconosciuta creatura che tutti cerchiamo ansiosamente, senza sapere che è davanti ai nostri occhi, basta avere le lenti giuste.

- SEGRETO n. 2: Felicità è avere sempre l'Amore nel cuore.

- SEGRETO n. 3: la felicità è un atto di volontà, un atteggiamento, infine un modo di essere e scaturisce da una visione positiva coltivata nell'animo, capace di attivare la Legge di Attrazione e di intercettare tesori nascosti.

- SEGRETO n. 4: sfrutta in positivo il fenomeno della Risonanza e risuona con la Felicità.

- SEGRETO n. 5: vuoi riprenderti la Felicità? Torna bambino.

- SEGRETO n. 6: quando fai qualunque cosa, soprattutto le più importanti per te, ricordati che ti devi divertire.

- SEGRETO n. 7: ascolta la musica e fatti guidare dal ritmo. Danza, balla, muoviti: libera il tuo corpo dai legacci invisibili che lo tengono bloccato.

- SEGRETO n. 8: meravigliati e stupisciti. Pratica la spensieratezza e allenati all'euforia.

- SEGRETO n. 9: sii affettuoso. Recupera l'affettività dei bambini e dei cuccioli e dona te stesso nei tuoi atti di generosità sentimentale più semplice e senza aspettative. La vita è uno specchio e ti restituirà lo stesso.

- SEGRETO n. 10: il tempo è la tua ricchezza più grande. Abbi a cuore il valore del *subito* e supererai tutte le tue paure.

- SEGRETO n. 11: vedi il bello in ogni cosa, fai come fanno i bambini. Vivrai senza stress, raggiungendo i risultati migliori e in modo facile.

- SEGRETO n. 12: vedere il mondo con gli occhi di un bambino è vedere le cose per quello che sono, senza fronzoli e complicazioni e questa è Semplicità. La semplicità è ricchezza e insieme bellezza.

Capitolo 4:
Come vivere "semplice"

Ti piacerebbe che tutto fosse possibile e a portata di mano? Quanto volte hai desiderato fare le cose senza troppi pensieri, ansie e pesi emotivi?

Voglio confidarti una delle rivelazioni più grandi che ho ricevuto dalle difficoltà che ho vissuto nella vita, il prezzo minimo che merita di essere pagato per poter vivere sempre in una piacevole sensazione di "sollievo".

Voglio donarti quella che per me è stata la scoperta di una polvere magica. Falla tua e vivi una vita di gioia e soddisfazioni, senza sforzo e perdite di energie:

Sii semplice, maneggerai il superpotere della formula delle formule: la semplicità. Punta all'essenziale e la tua vita diventerà un gioco.

A parole mie, voglio esortarti così, al motto di:

Vivi semplice e Vivi smile con il Metodo Smile Style.

Semplifica sempre e vivrai una vita serena e senza stress. Passerai dalla pesantezza alla leggerezza e dalla sofferenza alla piacevolezza.

SEGRETO n. 1: "semplifica" è la parola d'ordine, la password per accedere a una vita che scorre con facilità.

Vuoi scegliere la libertà di essere te stesso, senza condizionamenti, felice? Allora compi il primo passo: semplifica. Le cose più belle della vita sono semplici. Elimina le complicazioni e liberati dai pesi, farai spazio al nuovo. Snellisci gli impegni e vivi slow. Con la calma si fa tutto e si arriva dappertutto.

SEGRETO n. 2: torna alla semplicità.

Sii semplice e avrai già raggiunto il risultato. Di cosa? Di una vita più facile! Basta osservare i bambini, loro vedono tutto possibile e vivono senza il fardello dei blocchi mentali. Già questo è felicità!

La semplicità è l'alleato più potente che possiamo avere, innanzitutto perché alleggerisce dai pesi inutili e accelera ogni processo, sia fisico, che mentale. Semplicità però non è banalità o stupidità, come molti pensano.

Al contrario, per essere semplici bisogna prima essere stati complessi, aver appreso, analizzato, metabolizzato e aver fatto proprio un concetto o un comportamento. Come quando a scuola impari a leggere e scrivere o quando ti eserciti a guidare un veicolo.

All'inizio devi acquisire molte regole, tenerle a mente, metterle in pratica una alla volta, ricordarle tutte insieme, superando la paura di non farcela e di non essere bravo come gli altri, e rinnovi il timore del *non ce la farò mai*.

Poi invece, giorno dopo giorno, allenandoti, arriverai a un punto in cui scriverai, leggerai e guiderai automaticamente senza nemmeno pensarci più.

Chi te lo avrebbe mai detto? Ripensa a quando hai iniziato e a come ti scoppiava la testa, piena di troppe informazioni nuove, mentre il cuore avvertita una paura generalizzata di non essere abbastanza bravo.

Man mano però farai tue tutte le regole e le praticherai senza più pensarci. **Questa è per me la semplicità: fare le cose senza pensarci troppo.**

Nel mondo di oggi noi adulti siamo appesantiti, rallentati e consumati già dai pensieri di tutte le cose che dobbiamo fare e dalla paura di non riuscire. Se invece, acquisendo la serena fiducia di farcela e la consapevolezza che l'Universo è nostro amico e tifa per noi, impegniamoci al massimo, viviamo il presente e buttiamoci nelle piccole cose con tutti noi stessi.

Anche se all'inizio sarà più difficile, man mano la difficoltà si trasformerà in semplicità e la complessità in automatismo.

Questo è anche un allenamento alla felicità intesa come vivere sempre con il sollievo nell'animo.

Impegniamoci, conosciamo le tecniche, pratichiamole, alleniamoci, analizziamo e approfondiamo ogni esercizio e affrontiamo gli alti e bassi di un nuovo cammino, ma sempre con l'idea di raggiungere il punto desiderato: fare ogni cosa in modo semplice, essenziale e senza troppi fronzoli, dubbi, timori o ansie.

Semplicità è tornare all'essenziale.

Dovremmo essere come i bambini, fiduciosi, allegri, leggeri, autoefficaci e con autostima. Semplici. Poche cose infatti dobbiamo tenere presenti: siamo nati per essere felici e il mondo intero in tutte le sue parti cospira per il nostro sommo bene; possiamo farcela, ognuno con i propri tempi, l'importante è esprimere sé stessi e gettare via ogni senso di colpa.

Coerenti, consapevoli, di azione, tuffiamoci in questa meravigliosa avventura che è la vita, il regalo più bello che riceviamo ogni giorno che ci svegliamo e ringraziamo già per questo ogni momento che ci viene donato.

Ogni mattina quando ti svegli di' a te stesso: *Sono proprio fortunato perché mi sono svegliato: sono vivo. Ho il dono più prezioso, la vita, e non posso sprecarlo in cose futili o basse.*

Investirò tutte le mie energie per migliorare me stesso e per aprire il cuore agli altri. Avrò solo pensieri gentili, non giudicherò, non penserò male di nessuno e non mi arrabbierò.

Alleniamoci ad apprezzare le piccole cose, che sia un tramonto o un sogno che coltiviamo nel cuore e viviamo con gioia e senza complicazioni: con semplicità.

Nella semplicità risiede la nostra essenza, la nostra genialità.
Devi affrontare una cosa complessa? Scegli la via semplice. Analizza la questione, sbrogliala, semplificala e la avrai già superata. Scegli la via semplice e sarai già arrivato alla meta.

Come diceva Leonardo *per raggiungere la semplicità c'è stata tanta sofferenza e intelligenza, perché le cose semplici funzionano.*

SEGRETO n. 3: semplifica e alleggerisci i tuoi pensieri. Gioca sempre. Affronta tutto come fosse un gioco, ma prendilo

"seriamente" come fanno i bambini. Assumi un atteggiamento giocoso. Gioca senza perdere la tua serietà, anzi innalzandola e alleggerendola, così planerai oltre i pesi delle difficoltà.

Siamo abituati a pensare che tutto sia difficile, anzi difficile "per noi", che è ancora peggio. Prima di imparare qualcosa di nuovo o anche solo al pensiero di fare alcune cose, già ne vediamo e sentiamo il peso e la difficoltà. Studiare è qualcosa che da sempre viene considerato arduo per antonomasia.

Questo perché le tradizionali teorie pedagogiche partivano dal presupposto, considerato indispensabile, che qualunque cosa importante si raggiunge solo con grande sacrificio, quindi studiare e imparare dovrà essere per forza impegnativo.

Solo in tempi abbastanza recenti si è giunti all'idea che invece è con la leggerezza che si acquisiscono meglio sia le conoscenze che le abilità pratiche. Ho insegnato in scuole di istruzione superiore di primo e secondo grado e, nei miei 14 anni di esperienza, ho verificato sul campo questa ottica.

Sono una professoressa di Educazione musicale e successivamente di Lettere e quando un allievo partiva dall'idea che la mia fosse una materia ostica, il più delle volte creava una corazza che gli impediva di acquisire anche i concetti più semplici.

Quando invece, spazzando via le insicurezze e i preconcetti, adottavo ad esempio la tecnica della teatralizzazione o immaginazione oppure trasmettevo le stesse nozioni attraverso una lezione più giocosa e divertente, il tempo volava e quando suonava la campanella era per me un'enorme soddisfazione sentire la classe che diceva in coro: *nooo, professoressa, per favore, non interrompa la lezione, vogliamo continuare, ci piace troppo!*

Queste sono state per me le parole più gradevoli di qualunque *musica*! E quegli argomenti venivano già assimilati perfettamente in classe perché, con la magia del gioco o della creatività, mente e corpo si immergevano nella situazione e all'istante metabolizzavano, nel vero senso della parola, quel romanzo o quella lirica letteraria.

E dico di più: intesa in questo senso **la semplicità è la più alta forma di bellezza.** E non sono solo io a dirlo. Pensando a questo abbinamento, mi è capitato di ascoltare una canzone d'amore di Laura Pausini dal titolo *Non ho mai smesso*, il cui testo recita: *ho cercato la bellezza e l'ho trovata in fondo alla semplicità.*

Essere essenziale è pulizia ed è Bellezza

SEGRETO n. 4: circondati solo di cose belle. Fai sì che intorno a te e dentro di te abiti la bellezza. Per far questo metti ordine e getta il superfluo nelle cose, ma anche nelle emozioni e nei sentimenti.

Solo dopo un grande riordino la vita cambia e i problemi si risolvono alla radice. L'ambiente è tutto. Lo dice anche la scienza. Possiamo essere certi che l'ordine della casa produce conseguenze visibili sull'intera esistenza perché l'ambiente circostante ci influenza e ci fa da specchio.

La casa, la stanza, i luoghi in cui stiamo sono un nostro prolungamento e propagazione, quindi ci appartengono in tutti i sensi. Averne cura nei dettagli ha una grande incidenza sulla nostra vita in generale (stato d'animo, relazioni, eventi, salute).

L'operazione può sembrare complessa, ma anche qui si può e si deve semplificare ed è possibile. Basta adottare un unico ed elementare criterio: conserva solo ciò che ti emoziona, che ti trasmette un senso di appagamento, ti rende felice, realizzato, arrivato alla meta.

Mantieni ciò che ti fa sentire a tuo agio, ti alza le vibrazioni, ti facilita la vita, te la rallegra, ti fa sentire adeguato, contento. Tieni con te solo le cose e i vestiti che aumentano il tuo livello di felicità. E questo vale anche per le emozioni e soprattutto per le persone.

Liberati da tutto ciò che non ti serve, che ti ricorda un passato infelice, ti appesantisce, ti abbassa le vibrazioni, ingombra inutilmente lo spazio rubandoti energia (anche solo perché devi pulirlo).

E se proprio devi conservarlo, allora alza tu la sua frequenza e riempilo di elogi. Se ne vedrai il lato positivo (o dell'essere utile o valido) parlagli con gentilezza e trattalo con cura, così ogni volta che lo utilizzerai ti rimanderà le stesse amorevoli cure che tu stesso gli hai donato.

Una volta fatto questo, il risultato sarà che ogni cosa intorno a te dovrà emozionarti e aumentare il tuo livello di felicità e appagamento. Io ad esempio ho una serie di cappelli e fermagli per capelli, da quelli eleganti a quelli spiritosi e li indosso sia fuori che in casa, tanto da essere diventati quasi una mia icona.

Questi oggetti a me cari noto anche che alzano i livelli di vibrazioni energetiche sia mie sia di chi mi incontra, adulti o bambini che siano. Insomma, tieniti ciò che ti rende felice e lascia andare ciò che ti lascia insensibile o, peggio, ti toglie energia.

Questa pulizia modificherà il tuo generale atteggiamento verso il mondo materiale. Avvertirai meno necessità perché assaporerai ogni dettaglio e ti sentirai appagato già con quello che hai. Ti godrai di più ogni sfumatura e avrai più cura delle cose e di te stesso. Adottare il criterio dello scarto in base alle emozioni positive che percepisci modificherà definitivamente la tua prospettiva.

Allenati a decidere di mantenere solo gli oggetti e gli abiti che emanano la felicità per te, in base alla persona che vuoi diventare. Per ogni sensazione vi è un ambiente quindi crea ciò che rispecchia a livello esteriore la tua realizzazione interiore e allineerai l'interno con l'esterno.

Una volta eseguita tale pratica per gli oggetti di casa, cambierai tu stesso perché adotterai il medesimo criterio di selezione anche nelle emozioni e relazioni e manterrai solo ciò che ti fa stare bene. A cosa serve vivere situazioni negative e avere accanto persone che consumano o abbassano le nostre energie?

Solo a impoverirci e farci star male. Ecco, così come "sentirai" le vibrazioni trasmesse dagli oggetti, parallelamente imparerai a sentire le persone, "percependo" il benessere che emanano e selezionando le tue compagnie in base a questo.

Circondati quindi di persone belle, generose e amorevoli, scegli amici affettuosi e sinceri, frequenta persone ottimiste, che hanno la luce dentro e che vogliono migliorare e crescere nello Spirito. Stai con le anime grandi, con chi ti insegna qualcosa.

Vivi immerso tra le cose che ami e che ti rendono felice. Vestiti con stile anche quando sei sportivo, arreda la tua casa con colori che ti fanno sentire bene, tienila pulita e ordinata, libera lo spazio più che puoi, arricchisci il tuo ambiente con oggetti raffinati, ma che innanzitutto ti emozionano.

Precisamente: ogni cosa deve trasmetterti gioia, amore, piacevolezza, serenità. D'ora in poi, quando sceglierai chi incontrare, cosa indossare o cosa vedere quando entri in casa, parti da un unico e semplice criterio: che quella cosa dovrà emozionarti, avvolgerti in un brivido caldo, ricaricarti.

Stai acquistando qualcosa (o stai eseguendo un'operazione di *decluttering*) e sei indeciso su che abito scegliere o quale oggetto preferire a un altro? Non interrogare la mente, ti metterà sempre più insicurezze fino a suggerirti dannosamente un "potrebbe servirti", finché ci troviamo ad acquistare cose che non useremo mai.

Piuttosto semplifica e vivi d'istinto la sensazione di indossare quel vestito o entrare in casa e ammirare quel lume o quella libreria e la risposta sarà immediata. Scegli la cosa che ti emoziona e che ogni volta che vedrai ti renderà felice e ti farà sentire amato.

Sì, perché la bellezza è armonia e senso di appartenenza e di casa, facendoci sentire protetti come in un affettuoso abbraccio. Vivi tra cose belle perché la bellezza rende più buoni noi e chi ci sta intorno.

Non farti mancare poi la nobiltà delle cose immateriali, quindi pratica la gentilezza anche in atti apparentemente privi di senso e non vergognarti di compiere atti di bellezza e amorevolezza inaspettati.

A me capita ogni tanto di scrivere dei messaggi gradevoli a chi non se li aspetta o di ideare qualcosa di gradevole per me e per la mia casa, oppure decido di fare un regalo a sorpresa a un amico lontano e di spedirglielo a casa, sorridendo mentre immagino l'espressione di stupore che farà nel riceverlo e, ancor più, l'allegria che gli salirà dentro, mentre scarta il pacchetto. Ecco anche questa è felicità e, donandola, la riceverai tu stesso, amplificata.

Fatti abbracciare dalla bellezza intorno a te e vedi la bellezza che sei tu. Amati e innamorati di te perché è l'immagine che hai di te che ti fa avere successo oppure no. Sii tu la meraviglia che cerchi e stupisciti.

**Vivi la Bellezza (materiale e spirituale) e
sii tu stesso qualcosa di Bello**

Bellezza è Gentilezza e Amore

SEGRETO n. 5: vuoi far capire a tutti che sei speciale? Indossa uno stile che sia un dono per gli altri: vestiti di gentilezza, amore e sorrisi sinceri.

Ognuno di noi è unico, ma l'abbiamo scordato o ce lo hanno fatto dimenticare. E purtroppo in questo modo perdiamo tutti: noi, che valiamo tanto, e gli altri, che si perdono il nostro valore.

Vuoi tornare ad essere originale? Vuoi essere la differenza? Far breccia nel cuore degli altri per la tua unicità? Vuoi riacquistare l'*appeal* che solo tu possiedi? La vera rivoluzione è avere uno stile proprio e che lascia un segno piacevole. La vera bellezza non consiste nell'apparire, ma nel farsi ricordare.

L'importante quindi è che tu trasmetta armonia. Solo in questo modo il tuo stile sarà intramontabile, insuperabile, invincibile, direi perfetto, per via dell'equilibrio e del senso di pace e charme che infonderà. L'unica maniera per farlo è tornare al "classico".

E come? Fai sì che ogni tuo pensiero e azione siano ispirati alla gentilezza, pazienza, dolcezza e soprattutto amore.

Qualsiasi cosa tu faccia, falla con delicatezza. Torna a questi valori e fanne i tuoi presupposti sempre: sarà un vero successo e, pensa, senza sforzo! Un segreto per vincere e con facilità. Oggi più che mai la vera novità è tornare all'antico. *La dolcezza, al giorno d'oggi, è la vera trasgressione* (M. Bisotti).

La rivoluzione è essere ottimisti, dal cuore sempre lieto, colmo di amore e amorevolezza, di compassione, che è la consapevolezza del legame con tutti: noi tutti siamo Uno, non esiste il singolo, ma ognuno è parte del Tutto. Siamo tutti uniti, quindi fai agli altri quello che faresti a te stesso.

E se vuoi apparire nuovo in questo mondo in cui i sentimenti sono impolverati, dona la tua più garbata tenerezza, concediti il lusso di conservare e donare la tua dolcezza, è un abito che non passerà mai di moda e più lo indossi e più ti dona.

Cerca di vedere ovunque e a tutti i costi la bellezza (anche di quello che non c'è – per contrasto), dona fiducia, accarezza e tocca le mani dei tuoi cari, abbracciali, stringili forte e di' loro che gli vuoi bene e sorridi credendoci davvero.

E questo sarà il segno che lascerai a loro. Una tua carezza emozionale, come persona dal cuore gentile, forse fuori moda, ma che profuma di poesia.

Ricordati ogni istante di regalare gesti di gentilezza inaspettata e disinteressata anche a chi non conosci. Quello che ne riceverai in cambio sarà il più bel dono, fosse anche il solo fatto di aver regalato un istante di felicità.

Semplicità è vivere a pieno il "momento" e buttarsi dentro al tempo, ampliandolo.

Il valore del *Presente* e del *Subito*.

**Sii immediato, dai una svolta alla tua vita:
rovescia la prospettiva, liberati dal giudizio e
vincerai la paura.**

Vuoi sconfiggere la paura? Scopri il valore del subito con il motto: *fallo ora*! E se hai troppi freni, allora dona tu per primo ciò che non hai: il coraggio per esempio.

SEGRETO n. 6: riconosci il valore del Presente e vivi l'Adesso. Ribalta le ragioni della mente e buttati in ciò che temi, altrimenti più ci pensi e più ti bloccherà. Invece *fallo e*

basta, e tuffati ancor più deciso se pensi di non potere: lì ammirerai la tua riuscita.

Ogni paura, timore, sensazione bloccante, in fondo non sono cose, realtà tangibili, situazioni reali. Sono solo pensieri e, in quanto tali, possono essere cambiati. Quindi lasciali andare per far spazio a immagini leggere, positive e motivanti. Come? Non evitandoli, che è la cosa che più ti allontana dalla soluzione, bensì attraversandoli, vivendoli.

Il trucco: entra in azione da subito e senza indugio. Paradossalmente il segreto per vincere il dubbio e la paura consiste nel fare proprio quelle cose che più temiamo. Facciamo un bel respiro e lasciamoci andare e ci alleggeriremo in un istante dei pesi che ci bloccano. Abbracciamo il coraggio e andiamo! Hai un dolore? Muoviti!

Quando, a seguito del grande intervento chirurgico che subii, avevo dolori così atroci da respirare a fatica, dapprima ho aspettato, poi ho riflettuto su come risolvere, tentennando fra varie ipotesi, e alla fine mi sono detta, facendo appello al coraggio e all'audacia: *ok dolori, adesso mi muovo e vediamo cosa succede, vuoi vedere che vinco io?*

Allora ho cominciato a muovermi e a fare proprio quei movimenti che più mi facevano male. È stata dura, molto, ho proceduto lentamente e a piccoli passi progressivi, ma a un certo punto ho avvertito una sensazione sorprendente. Stavo meglio! Non avrei mai immaginato un tale risultato.

L'avevo fatto solo per essere più dura io della mia disperazione ed ero pronta al peggio (consapevole che compivo azioni inadeguate), però se non altro provavo a spezzare quella condizione di lancinante sofferenza.

Ho azzardato, certo. Non so chi o cosa mi abbia guidata a quel gesto decisamente illogico perché insensato quanto improvvido, anzi sconsigliato come pericoloso. Ma forse avevo intuito che solo quando si prova il peggio, dopo si sta meglio.

In quel momento ho sperimentato e scoperto qualcosa di eccezionale: fai l'ultima cosa che immagini di fare e proprio lì è la soluzione.

La risposta è dentro il problema. Come in omeopatia, in cui si somministrano rimedi che inducono sintomi analoghi alla malattia e il corpo reagisce automaticamente a questo stress generando una difesa naturale autoprodotta di livello superiore (*similia similibus curentur*). Da allora questo è il nuovo motto: *se ho dolori, mi muovo!*

E i dolori vanno via puntualmente. È una possibilità che possiamo darci, ma sta a noi prima di tutto individuare il confine che possiamo oltrepassare, senza incorrere in controindicazioni irreversibili.

Vi sono casi in cui è opportuno attendere e valutare, prima di partire sconsideratamente contro qualcosa che è più grande di noi.

Non intendo mai indurre nessuno a commettere azioni folli o autodistruttive. Piuttosto, di volta in volta, ciascuno per sé pondererà opportunamente la possibilità di buttarsi con coraggio in un'impresa che lo spaventa, sempre che non sia troppo rischiosa o che il suo stato d'animo venga sopraffatto da emozioni ingestibili, quali crisi acute di panico, che poi diventerebbero un nuovo problema.

In quel caso, ovvero se per esempio la paura supera il tentativo di spazzarla via, percorreremo una strada diversa. Partiamo dall'idea che la paura è solo un "pensiero" della mente. A quel punto poniamoci come osservatori di noi stessi e della nostra attività mentale.

Immaginiamo di vedere il pensiero stesso della paura come una vignetta che esce dalla nostra testa e rimaniamo a guardarla. A un certo momento la osserviamo andare via e vedere che era solo uno sgradito ospite della nostra immaginazione.

Già avremo così ottenuto il grande risultato di aver spazzato quella nuvola negativa e averla sostituita con pensieri leggeri e ariosi.

Ora, con la mente sgombra da quegli ospiti immaginari che ci bloccavano, saremo pronti per applicare il concetto che ho illustrato finora e che sintetizzo in un elementare motto: *se una cosa ti spaventa, falla!*

Lo spirito di questo consiglio sta semplicemente nel vincere le paure e attraversarle, abbracciandole con coraggio, già visualizzando di raccogliere successi.

Questo atteggiamento si può applicare in svariate situazioni. Hai paura di iniziare la dieta? Cominciala e la fame andrà altrove. Hai paura di fare quell'analisi? Falla e magari vedi che non hai niente.

SEGRETO n. 7: se invece non riesci a fare o ricevere qualcosa, ribalta la tua prospettiva e mettiti dall'altra parte: donala a te stesso e fai il contrario. Quindi donala tu per primo.

Sì, può sembrare assurdo, ma ho scoperto che è così. L'ho sperimentato personalmente e proprio nel momento in cui ero più giù e più avevo bisogno di forza e coccole, ero sola e non sapevo da dove prendere ciò che mi mancava.

Allora ho sentito dentro di me come una sferzata della Vita stessa che mi diceva: *"tu hai già tutto, non cercarlo fuori di te, ma dentro e comportati come se già lo avessi perché lo possiedi da sempre. Così lo troverai, in te e poi al di fuori.*

Tu hai e sei tutto, sei il tuo mondo e sei il mondo e nulla e nessuno saprebbe mai darti niente di meglio di quanto potrai dartelo tu stessa".

Mi sembravo un'incosciente, ma sentendomi totalmente persa, mi sono buttata in questo tentativo disperato e in quel momento ho scoperto la magia: funzionava. Era lì la soluzione: fare il contrario di quello che razionalmente pensavo, ovvero contrastare la paura con l'azione.

Lanciarsi nell'agire è il comportamento che attinge direttamente alle risorse che abbiamo dentro da sempre, senza saperlo. Ecco, da quel momento è questo il mio atteggiamento.

Se ti risulta difficile, parti da un semplice principio: fai che le tue scelte riflettano le tue ambizioni e non le tue paure, trasforma le tue insicurezze in sfide e assapora già in partenza il piacere del risultato.

Temi qualcosa? Pensa invece alla gioia che proverai dopo averlo fatto. Fai che quella gioia sia il tuo trampolino e trasforma la paura in adrenalina, che ti carica di grinta e orgoglio funzionali a superare e vincere i tuoi timori, che sono solo blocchi mentali e nulla di più.

SEGRETO n. 8: scegli la libertà. Non permettere che il giudizio degli altri controlli le tue scelte. Vivi libero di essere te stesso. Farai felice la persona più importante della tua vita: te stesso.

Chi cerca di farti sentire in colpa spesso ne è il responsabile quindi diffida e sciogli le catene di questi legami tossici. Liberati dalla paura di ciò che pensano gli altri, è la più grande prigione che ti costruisci tu stesso.

Abbatti quel muro e abbandona i tuoi sensi di colpa, non hanno mai fatto bene a nessuno, a meno che non partano da te e quindi sono autentici e sinceri, non indotti dall'esterno. Tu vali e questo non diminuisce se qualcuno non è in grado di apprezzarti.

Potrai dire di essere felice quando sentirai che la musica del tuo cuore è in armonia con il suono dei pensieri che hai nella mente. Quando sei assalito dai dubbi o hai delle incertezze su cosa sia meglio fare, ascolta la tua **voce interiore**. Non ti tradirà mai.

Anzi, è la tua migliore consigliera perché ti suggerisce di esprimerti così come sei, senza rinunce o limitazioni. Solo quando ascolterai la tua anima e i tuoi pensieri la sosterranno, avrai la bussola per la felicità.

RIEPILOGO DEL CAPITOLO 4:

- SEGRETO n. 1: "semplifica" è la parola d'ordine, la password per accedere a una vita che scorre con facilità.

- SEGRETO n. 2: torna alla semplicità.

- SEGRETO n. 3: semplifica e alleggerisci i tuoi pensieri. Gioca sempre. Affronta tutto come fosse un gioco, ma prendilo "seriamente" come fanno i bambini. Assumi un atteggiamento giocoso. Gioca senza perdere la tua serietà, anzi innalzandola e alleggerendola, così planerai oltre i pesi delle difficoltà.

- SEGRETO n. 4: circondati solo di cose belle. Fai sì che intorno a te e dentro di te abiti la bellezza. Per far questo metti ordine e getta il superfluo nelle cose, ma anche nelle emozioni e nei sentimenti.

- SEGRETO n. 5: vuoi far capire a tutti che sei speciale? Indossa uno stile che sia un dono per gli altri: vestiti di gentilezza, amore e sorrisi sinceri.

- SEGRETO n. 6: riconosci il valore del Presente e vivi l'Adesso. Ribalta le ragioni della mente e buttati in ciò che temi, altrimenti più ci pensi e più ti bloccherà. Invece *fallo e basta*, e tuffati ancor più deciso se pensi di non potere: lì ammirerai la tua riuscita.

- SEGRETO n. 7: se invece non riesci a fare o ricevere qualcosa, ribalta la tua prospettiva e mettiti dall'altra parte: donala a te stesso e fai il contrario. Quindi donala tu per primo.

- SEGRETO n. 8: scegli la libertà. Non permettere che il giudizio degli altri controlli le tue scelte. Vivi libero di essere te stesso. Farai felice la persona più importante della tua vita: te stesso.

Capitolo 5:
Come scegliere la via "morbida"

Gira il viso verso il sole e le ombre cadranno dietro di te.

Proverbio Maori

Sii duttile e scoprirai la forza del cambiamento

Quando affronti il dolore, poche cose ti spaventano e allora scopri di essere più forte di quanto immaginavi. Ma a una condizione: devi affilare le tue armi o scoprirne di nuove.

SEGRETO n. 1: la svolta sta nel cambiamento.

Questo il vero dramma: che non ti viene richiesto il parere quando la sorte ti assegna qualcosa che pensi di non meritare. Però una cosa puoi deciderla e hai il dovere di farlo: non permettere mai, a niente e a nessuno, di fermare la tua vita e i tuoi sogni.

Impara ad essere come l'acqua: adattati, divertiti, mantieniti fresco, sii trasparente, sii sempre in movimento e accogli il cambiamento con morbidezza. La metafora sta per dire che è saggezza accettare ogni evento e situazione. Solo così potrai governarlo e diventare tu il regista della tua vita. Tutto quello che non accetti, ti gestisce.

Il primo e irrinunciabile passo è accettare. Quando accetti qualcosa ti comporterai nel modo più adatto per gestire tu la situazione, nel migliore dei modi e a tuo vantaggio.

La soluzione sta nel cambiamento. Se non puoi cambiare la situazione esterna, cambia tu e vedrai che tutto cambierà intorno a te. Non autorizzare nulla a fermarti, anzi offri a te stesso la possibilità di ripartire più abile e forte di prima.

Solo così potrai fare la vera svolta: quando accetti qualcosa, le togli il potere che ha su di te e permetti a te stesso di vincerla.

Cambia il modo di vedere le cose

SEGRETO n. 2: impara a vedere le cose in modo diverso.

Nelle difficoltà impara a cambiare punto di vista. Allenati a pensare alla soluzione anziché al problema. Ribalta la prospettiva e scoprirai panorami inimmaginati e doni inaspettati.

Pensa sempre che ogni evento sia un viaggio da intraprendere, trasforma ogni ostacolo in una sfida e affrontala cercando una soluzione.

Fai che niente sia un problema o un limite, ma per reagire cerca prima un'eccitante motivazione. Solo grazie a questo carburante potrai tener fede al motto più vincente in assoluto, ovvero: **non mollare mai**.

Ecco perché, quando mi sono trovata di fronte alla mia malattia, ho deciso di fare qualcosa di nuovo per me. Ho cominciato ad amarmi e ho recuperato una grande dose di autostima. Ho iniziato a premiarmi e festeggiarmi. Quando sono cambiata io, tutto è cambiato intorno a me, perché quando ti valorizzi la tua vita migliora.

L'Amore insieme alla Gioia sono stati la mia cura, fatta di pillole di felicità, trovata dentro tutte le risate che ho deciso di scatenare, anche a costo di sentirmi pazza! E se gli altri ridevano perché mi vedevano diversa, io ridevo perché li vedevo tutti uguali.

Ma è così che sono guarita, con quelle risate a crepapelle che mi hanno rimesso in vita come potenti flebo, con la loro potente energia pulente, liberatoria, nutriente e guaritrice.

Ecco i miei farmaci miracolosi: cerotti d'amore per l'Anima, frullati di sorrisi più volte al giorno, dieci gocce di "andrà tutto bene" al mattino e dieci gocce al pomeriggio, la sera venti. Medicine magiche e senza controindicazioni. Al bisogno, aumentavo la posologia.

Amore e risate, una farmacia gratuita donataci da Dio quando siamo nati e in grado di compiere miracoli.

Come superare la paura

SEGRETO n. 3: vuoi superare le tue paure? Giocaci! E ridi di loro mentre giochi.

Esercizi pratici per gestire le tue paure attraverso il gioco.

Se invece, come si fa con i bambini, la tratti come qualcosa di reale, anche dandole un nome per poi gestirla come in un gioco o in un dialogo. La potrai manipolare a tuo vantaggio.

Delizie di Smile Style

Ti faccio qualche **esempio**: domandati *dove è la mia paura*, come fosse qualcosa di concreto e parlaci. Oppure falla diventare un personaggio (dei cartoni, di fantasia o di un film) e vestila di ridicolo. Oppure identificala con un animale e rimpiccioliscila finché diventerà una pulce e a quel punto ridile in faccia!

O anche, se devi superare la timidezza, affronta le situazioni come fosse una sfida, ma giocosa. Mettiamo che sei a una festa e ti senti imbarazzato, supera il tuo *impasse* come fossi dentro un gioco e inizia a parlare ad esempio con chi indossa qualcosa di rosso, oppure con i biondi, o con chi è seduto: in pratica scegli una categoria ed esci così dal contesto, vivendo la situazione come un momento ludico. Le tue incertezze svaniranno in un baleno.

Prima di cominciare puoi anche cambiare prospettiva e iniziare a ridere delle tue paure. Io ad esempio ho sofferto molto per la fine delle mie storie d'amore o per le delusioni ricevute nella vita, proprio dalle persone a cui più tenevo. Alcune volte mi rammaricavo pure perché pensavo al loro giudizio.

Se però ci ripenso ora, mi vedo come in una scena di un film e questo film, che all'epoca mi sembrava triste, adesso lo vedrei come un film comico! Mi verrebbe da ridere!

Giorno dopo giorno scoprirai che durante la giornata hai di fronte a te mille occasioni per essere felice quindi regalati la possibilità di coglierle tutte le volte che puoi, con audacia e voracità: sii affamato di emozioni positive e non sentirtene mai sazio. Man mano comincerai a vedere il mondo con altri occhi e lì capirai che hai cominciato ad essere felice veramente.

La felicità è un'abitudine, più la alleni più farà parte di te, finché diventerà te e quando tu stesso diventerai felicità, a quel punto potrai dire: *io sono un essere di gioia pura, io sono gioia pura.*

Amare dal ridere è
Benedire la propria vita.

Scoprire l'Amore puro e incondizionato verso sé stessi, verso la vita e verso tutti, è avere sempre la gioia dentro al cuore. Questa energia accenderà le tue risate più belle, che saranno le nuove lenti con cui vedrai il mondo, meravigliosamente colorato con le più emozionanti tinte dell'arcobaleno.

Saranno i nuovi occhiali di luce ed emozioni stimolanti, che illumineranno il tuo futuro, a partire dal tuo presente, soprattutto rivelandoti un passato magico e benedetto, che sarà come vederlo per la prima volta.

SEGRETO n. 4: la Risata è Resilienza. Ridere è rispondere con morbidezza alla durezza della Vita e scoprire che è un Capolavoro, il Nostro.

Ho pianto tanto nella mia vita, ma è proprio grazie alle mie lacrime che sono arrivata a scoprire lo stupefacente potere della Risata. E ora benedico tutte le mie sofferenze perché è attraverso di esse che oggi riesco a ridere come prima non avevo riso mai.

SEGRETO n. 5: quando ridi produci l'ingrediente fondamentale della resilienza.

Termine molto in voga da pochi anni, la resilienza è, in fisica, quella capacità di alcuni materiali di assorbire un urto senza rompersi. Questo grazie alla loro elasticità. Basta lanciare a terra una gomma e vedere che rimbalza, a differenza del vetro che, infrangendosi, si rompe, a causa del suo essere rigido e, diremmo, tutto d'un pezzo.

Ora trasliamo il concetto in psicologia. Parimenti vi sono individui iper-strutturati che mal si adattano agli imprevisti. Altri invece capaci di gestire e superare al meglio i momenti difficili o persino gli eventi traumatici.

La buona notizia è che la resilienza, a differenza degli oggetti materiali, nel caso degli esseri umani, anche chi non la possiede per carattere, può acquisirla. È un'abilità e si può imparare. Ma va esercitata!

È umano abbattersi, soprattutto in certe situazioni, e per questo è indispensabile ricorrere a ogni mezzo che possa esserci di sollievo: la risata terapeutica *in primis*. Ridere permette di liberare le tensioni, scaricare lo stress, distaccarci dalle situazioni dolorose, recuperare l'equilibrio.

Ridere e anche sorridere innesca il meccanismo della resilienza: quella capacità di fronteggiare in modo positivo e costruttivo gli eventi spiacevoli, l'essere in grado di autoripararsi dopo aver subito un danno, di superare una prova della vita senza però farsi spezzare dall'urto emotivo. Tutto questo in modo facile e veloce.

La pratica costante della risata ti modificherà dall'interno, tanto che, man mano sarà per te sempre più normale e spontaneo reagire in modo risoluto agli imprevisti. La risata cambierà il tuo modo di essere e di risolvere le cose, più velocemente e in modo semplice.

Un po' come la lavatrice oggi ha cambiato il nostro modo di lavare il bucato, così la risata rivoluzionerà il tuo atteggiamento, ripulendoti dalla sporcizia energetica degli eventi problematici che ancora intossicano la tua vita.

SEGRETO n. 6: ridi e riscrivi il tuo passato.

Se il tuo passato è stato proprio terribile, l'allenamento alla risata consapevole, ripetuta e costante, può almeno innalzare le tue vibrazioni attuali, spazzando via le catene che ti tengono agganciato alle antiche emozioni bloccanti.

Ridere manda via le sensazioni negative del momento e manda luce e ossigeno al tuo *Io* con energie di forza, pulite e nutrienti per l'anima. Ridendo applicherai la resilienza alla tua storia personale, illuminandola di una luce diversa e persino affascinante.

SEGRETO n. 7: fatti un regalo. Benedici il tuo passato.

Vuoi farti il più bel dono? Riscrivi il tuo passato da renderlo utile e proficuo. Chi di noi non ripensa a quello che non ha avuto, alle carezze mancate, ai giocattoli mai arrivati, agli amori non ricambiati, ai successi non raggiunti? Non esiste un'infanzia perfetta o una vita di cui non vorremmo cambiare nulla.

E se anche abbiamo avuto molto, rimaniamo in ogni caso fortemente segnati da ciò che non abbiamo ricevuto, dalle cose che ci sono state negate.

Se non puoi annullare i tuoi dolori, però puoi cambiare il tuo passato. Vedilo sotto una luce nuova, di chi coglie i frutti di ogni cosa, soprattutto della sofferenza, grazie alla quale sei diventato una persona migliore.

Se quando eri bambino e hai dovuto barattare una carezza con voti alti e disciplina e questo ti fa ancora male, hai ragione, ma non è pensandoci e aspettando un riscatto che non verrà mai, che guarirai la tua ferita.

Pensa piuttosto a quello che hai avuto e interpreta ciò che ti è mancato come una sfida per crescere e dare ancora più valore a ogni piccolo dettaglio che hai oggi. È il dono più bello che puoi fare a te stesso e alla tua storia, rimarginando le tue ferite e anzi vincendole: vedere tutto come una crescita e un'opportunità. Fallo subito e regalati un nuovo passato!

Riscrivilo ammirando la persona che sei oggi e che proprio quelle vicissitudini hanno fatto diventare così: forte e capace di sentire il mondo con il cuore.

Qualunque sia la tua storia, pensa che *ogni re è stato a suo tempo un bimbo indifeso, ogni quercia una piccola ghianda, ogni oceano imponente un semplice rigagnolo, ogni grande opera solo un progetto. Ciò che conta non è dove sei, ma dove stai andando* (Maria Fontaine).

Tutto quello che oggi sei tu è *grazie* al tuo passato. Quindi, nel libro della tua vita, trova adesso il coraggio e la gioia di voltare pagina, ma non dimenticare quello che hai scritto o che ti hanno fatto leggere per arrivare dove sei.

Questa è la lezione più bella e questo è il dono e la ricchezza più grande di un passato che da oggi ti auguro di apprezzare e anzi ringraziare, fino a benedire. Quando attraversavi la tormenta pensavi che non vi fosse nulla di buono per te, ma ripensandoci a distanza di anni, capisci quanto ti ha insegnato e adesso non hai più paura.

Benedici i doni che la vita ti ha offerto, soprattutto le tempeste. Proprio quelle ti hanno insegnato a guidare la nave e a condurla verso lidi migliori. Allora ringraziale e sii fiero di te.

Amare dal Ridere è edificare il tuo Successo

SEGRETO n. 8: quello che chiamiamo destino è in verità il nostro carattere e, se vogliamo, possiamo cambiarlo.

Già, perché le cose stanno al contrario di come ci hanno fatto credere. Non è la realtà che influenza la nostra mente e azioni, ma è la nostra coscienza che crea la nostra realtà. Tutto dipende da noi, da ciò che pensiamo, sentiamo dentro (e poi facciamo al di fuori). Prendiamocene la nostra totale responsabilità.

Io non sono felice perché ho successo, ma ho successo perché sono felice. Siamo ciò che pensiamo (Buddha) e *fai attenzione a quello che pensi e a quello che dici perché potrebbe trasformarsi nella tua profezia* (San Francesco).

SEGRETO n. 9: il tuo stile è il tuo destino.

Tu hai il dovere di vivere, ma anche il diritto di non limitarti a esistere. Allora diventa il regista della tua vita, l'architetto della tua felicità.

Nutri il tuo cuore di immagini e sentimenti positivi, come una casa che custodisce e protegge le tue emozioni più belle: una residenza immaginaria, che tu innalzi pazientemente e metodicamente, giorno dopo giorno, mattone su mattone.

Per realizzarla ricorri a elementi di costruzione semplici quanto potenti. Saranno i pensieri positivi che ti faranno sintonizzare su vibrazioni alte, capaci di condurti verso una vita piena, di gioia e di successo.

Riempi la tua mente di pensieri di amore, armonia, equilibrio, serenità, pace, gioia e vedrai manifestarsi le medesime cose nella tua vita.

Immagina, sorridi e preparati a ricevere le cose più straordinarie, in modo semplice e senza sforzo. Indossa i tuoi sorrisi più belli e spargerai una luce che dissiperà ogni pensiero cupo e frenante, che farà svanire il buio della paura e spezzerà le ombre dell'anima.

È una legge fisica e non vi sono deroghe. Persino *il diavolo ha paura della gente allegra,* diceva San Giovanni Bosco, e analogamente di fronte all'allegria scappano via il dubbio, la paura, l'insicurezza, la tristezza, la sfiducia.

Fai un dispetto a questi terribili nemici e vestiti di gioia e di sorrisi, sempre, ovunque, a ogni costo! Nutri te stesso con la gioia e mai il contrario. Vedrai che ne riceverai altrettanta e i pensieri negativi e i timori svaniranno velocemente.

SEGRETO n. 10: pensa positivo sempre.

L'ottimismo è un magnete di felicità. Rimani positivo e cose e persone buone saranno attratte da te. Elimina i pensieri negativi.

Se non elimini i pensieri negativi, loro elimineranno te. Ciò che consuma la tua mente controlla la tua vita. Non permettere che sia la tristezza a farlo, se ti focalizzi sulle cose che non vuoi, purtroppo crei i presupposti che queste accadano.

È la legge di attrazione, che non conosce cosa vuoi, ma semplicemente risponde a ciò che pensi, senti, emani. Concentrati quindi su ciò che desideri e lo richiamerai.

Più rimugini pensieri negativi, più li ravvivi con la tua energia e li rafforzi. Ignorali e moriranno di fame. Si spegneranno semplicemente. Nutri il positivo e focalizzati sui tuoi obiettivi. Impara a dire di no a tutto ciò che spegne la luce nei tuoi occhi, togliendoti il sorriso.

Smetti di pensare a ciò che ti manca e avrai la formula per vivere il presente, con leggerezza e sostenuto da fiducia e sicurezza. Spalanca le porte a tutto ciò che ti rende felice, ti stimola, ti motiva, ti entusiasma. Apriti a ciò che ti fa battere il cuore e tieniti stretto tutto quello che sa farti sognare.

Scegli pensieri positivi e stai con chi ti fa sorridere. Circondati di persone che ti sostengono e ti dimostrano affetto. Investi in ciò che ti emoziona, il resto lascialo andare ed evitalo con classe. Questi sono gli ingredienti della vita, verso la felicità e il successo.

Il resto sono inutili e dannosi fardelli, che ti legano al punto in cui sei, impedendoti di intraprendere la fantastica corsa verso i tuoi obiettivi. Usa il pensiero positivo per vedere ciò che agli altri è invisibile, per sentire ciò che ancora non è tangibile e per realizzare quello che agli altri sembra impossibile.

Potrebbe essere dura, ma mantieni sempre i tuoi pensieri positivi. *Farsi primavera, significa accettare il rischio dell'inverno* diceva *Il Piccolo Principe* (A. De Saint-Exupéry), ma vedrai che ne vale la pena, anzi che ne varrà… la gioia!

Non pensare ai momenti difficili e non temerli nemmeno, anzi ostinati sempre a cercare il bene in ogni cosa. Spesso infatti è proprio dalle difficoltà che scaturisce il meglio, però si nasconde, appunto perché vale e non è per tutti, ma solo per i coraggiosi, per chi prende la forza di aprire il suo cuore, come una farfalla che spalanca le ali per librare alta nel cielo e verso la libertà.

Solo chi è disposto a rischiare e ad essere diverso potrà ammirare che, dall'altra parte della paura, la vita è spettacolare. Vai oltre il dubbio e le paure, superali perché, se vuoi fare un passo in avanti, devi prima essere disposto a perdere un po' l'equilibrio, ma ne varrà la pena.

Se ti poni in positivo, terrai sempre accesa la luce della gioia dentro al cuore, sostenendoti e autostimolandoti, così, con le idee vincenti. *Io non risolvo i miei problemi. Correggo i miei pensieri. E i miei problemi si risolvono da soli* (L. Hay).

SEGRETO n. 11: tutto è Energia, ma tu puoi esserne l'autore. Sfruttala a tuo favore, focalizzati su ciò che desideri e creerai quello che aneli. Ama e ridi e innalzerai subito la tua frequenza vibrazionale, attraendo persone ed eventi sintonizzati alla stessa frequenza di Amore e Gioia.

Ogni cosa in questo mondo è fatta di energia. La buona notizia è che siamo noi a crearla, con i nostri pensieri e soprattutto con le nostre emozioni. La cosa ancora più interessante è che obbedisce a una semplice regola: risponde e riproduce ciò che è simile, generandone altrettanto.

Se vivi un momento negativo e ti succedono cose non felici, anche se non ne sei consapevole, sei tu ad attrarle e crearne di nuove. Vuoi cambiare la tua situazione? Non accusare gli altri e non puntare il dito verso l'esterno, anche perché non puoi avere il comando sugli altri. Piuttosto cambia tu, e vedrai manifestarsi quello che sei dentro.

Può sembrare inverosimile, ai limiti della magia, oppure può apparire sciocco o banale o, al contrario, difficilissimo. È invece di una semplicità inaspettata.

Metti attenzione su ciò che desideri e riempi la tua mente di questi pensieri. Ne sarai così il co-creatore anche nella realtà esterna. Vibra alla frequenza della realtà che desideri ottenere e, semplicemente in virtù di questa sintonizzazione, ne diventerai il creatore.

Siamo fantastici generatori di energia. Sta a noi sintonizzarsi sulla vibrazione simile alla realtà che vogliamo vivere. È tanto semplice quanto sorprendente. La vita è quello che tu scegli.

Noi siamo formati dai nostri pensieri. Diventiamo quello che pensiamo e creiamo la stessa realtà anche intorno a noi. Siamo la forma e lo specchio dei pensieri che scegliamo e coltiviamo quotidianamente.

Per questo siamo noi i responsabili di tutto ciò che ci succede, perché siamo noi a crearlo e ad attrarlo. Siamo dei potenti magneti di energie che vibrano alla nostra stessa frequenza.

Quello che pensiamo, diventiamo. Ciò che sentiamo, attraiamo. Ciò che immaginiamo creiamo. Impariamo a governare la nostra mente affinché non sia la nostra mente che governi noi in modo casuale o non costruttivo. Scegli e alza le tue energie sempre e fallo deliberatamente.

Controlla e gestisci tu la tua mente, altrimenti sarà la tua mente o, peggio, qualcun altro o altre cose a controllare lei e quindi te. Fai sì che la tua mente sia il tuo miglior servitore e mai il tuo padrone.

La tua arma vincente contro l'insuccesso, l'infelicità e lo stress sta nella tua abilità di scegliere un pensiero anziché un altro. Ecco perché devi impegnarti e scegliere sempre i pensieri e le sensazioni positive, costantemente. E quale migliore energia positiva puoi scegliere se non quella della risata?

Se ridi terrai altissimo il livello delle tue vibrazioni e sarai un generatore di felicità, a basso costo, semplice, potente ed economico. Ridi e fatti avvolgere dalla luminosa e felice energia della tua risata e, mentre la produci, diventerai una calamita di altrettanti sorrisi e felicità.

Fai che la felicità sia la tua essenza e spargila generosamente nell'Universo. Diventerai subito "calamitoso" di altrettante energie, persone e situazioni favorevoli, luminose e fortunate.

SEGRETO n. 12: allenati con costanza per rendere automatico il tuo pensiero positivo e ti costruirai un futuro felice. Ricorri a questo *Metodo* come a un trucco fatato.

Divertiti a disegnare la tua magnifica vita, ricca di conquiste vittoriose e a colori, con la mia bacchetta magica dello *Smile Style*.

Quando attivi nella mente una convinzione positiva, le tue cellule intercettano il messaggio interpretandolo come un vero e proprio comando, più o meno come quando guidi un veicolo e ingrani la marcia. Ecco come si spiega che, avendo l'intenzione di guarire, si guarisce effettivamente.

O come quando siamo convinti di riuscire in una cosa, investiamo tutte le energie senza disperderle in deviazioni o paure. Quindi ripetiamo e rinsaldiamo la convinzione della guarigione e della vittoria in quello che desideriamo, rallegriamoci fin da subito del recupero, come fosse già avvenuto. Il fisico e la realtà arrivano dopo, intanto con la mente anticipiamo il tempo!

Contestualmente prendiamoci il nostro spazio e il nostro tempo e alleniamoci ad essere gentili con noi e con tutti, praticando il perdono verso noi stessi e verso chi ci ha feriti, sentendoci grati anche per le piccole cose, perché quando ci volteremo capiremo che erano grandi.

Per questo ti esorto con tutta me stessa a gioire di ogni attimo e quindi a **Ridere più che puoi e così tanto da farti sgorgare l'Amore dal cuore e inviarlo all'Universo: questo è Amare dal Ridere.**

Questo è il mio slogan e la mia parola d'ordine, per ricordarci che dobbiamo stare sempre dalla nostra parte, diventare i migliori alleati di noi stessi e scegliamo, sempre e a ogni costo, le due emozioni più belle - amare e ridere - per crearci una Vita meravigliosa ed entusiasmante.

RIEPILOGO DEL CAPITOLO 5:

- SEGRETO n. 1: la svolta sta nel cambiamento.

- SEGRETO n. 2: impara a vedere le cose in modo diverso.

- SEGRETO n. 3: vuoi superare le tue paure? Giocaci! E ridi di loro mentre giochi.

Delizie di Smile Style

- SEGRETO n. 4: la Risata è Resilienza. Ridere è rispondere con morbidezza alla durezza della Vita e scoprire che è un Capolavoro, il Nostro.

- SEGRETO n. 5: quando ridi produci l'ingrediente fondamentale della resilienza.

- SEGRETO n. 6: ridi e riscrivi il tuo passato.

- SEGRETO n. 7: fatti un regalo. Benedici il tuo passato.

- SEGRETO n. 8: quello che chiamiamo destino è in verità il nostro carattere e, se vogliamo, possiamo cambiarlo.

- SEGRETO n. 9: il tuo stile è il tuo destino.

- SEGRETO n. 10: pensa positivo sempre.

- SEGRETO n. 11: tutto è Energia, ma tu puoi esserne l'autore. Sfruttala a tuo favore, focalizzati su ciò che desideri e creerai quello che aneli. Ama e ridi e innalzerai subito la tua frequenza vibrazionale, attraendo persone ed eventi sintonizzati alla stessa frequenza di Amore e Gioia.

- SEGRETO n. 12: allenati con costanza per rendere automatico il tuo pensiero positivo e ti costruirai un futuro felice. Ricorri a questo *Metodo* come a un trucco fatato. Divertiti a disegnare la tua magnifica vita, ricca di conquiste vittoriose e a colori, con la mia bacchetta magica dello *Smile Style*.

Conclusione

Quando qualcuno ti sorride
è la vita che ha deciso di farti un regalo

Ho cercato la felicità e l'ho trovata quando ho stabilito che preferivo la gioia sempre e a qualunque costo. Lì ho incontrato le due emozioni più belle e ho sperimentato su di me il loro immenso potere. Ribaltando il famoso modo di dire, ho iniziato a Ridere da *Vivere* e così ho scoperto quanto è bello Amare da *Vivere*.

Il sorriso è la porta del cuore e la chiave che si adatta alla serratura di qualunque cuore, anche il più serrato. Sorridere è amare l'altro, ma anche e soprattutto noi stessi. Infatti troppo spesso aspettiamo che siano gli altri a farlo prima di noi. E con il sorriso succede.

Chi ci sorride o ci fa sorridere ci abbraccia con un sentimento di gioia. Però ricordiamoci di sorridere a noi stessi prima che agli altri e di amare noi stessi, prima degli altri.

Ridi e Ama. Questo è Vivere, questa è la Felicità. Ma pratica ogni giorno la Gratitudine, sii Semplice e non dimenticare mai di Giocare e di Sognare. Se non sai come farlo, c'è una scorciatoia: torna bambino e avrai in mano la magia.

In queste parole ho riassunto al massimo il mio metodo per il successo (nella tua vita e nel cuore degli altri), la felicità e la ritrovata gentilezza.

Amare e ridere ti faranno riscrivere il passato e creare un futuro felice. La felicità già ti aspetta proprio dietro quell'angolo che prima ti faceva tanta paura. Ama, ridi, semplifica, divertiti a vivere, benedici tutto, anche la tempesta, e preparati a raccogliere i tuoi successi.

Lo *Smile Style* in pratica.

Una giornata che valga la gioia non dipende da quanto splenda il sole fuori di noi, ma da quanta luce accendiamo nel nostro cuore e questo dipende solo da noi. Proviamo a innescarla con l'ingrediente della felicità e accendiamoci subito dentro un grande sorriso sincero. Accadranno magie.

Ridi e ridi tanto, perché quando lo fai succede sempre qualcosa di bello, a partire dal tuo aspetto che ne beneficia per primo, contagiando subito il tuo animo, alzando le tue vibrazioni emozionali.

Esiste un modo bello di giocare e vincere contro il tempo: mettici dentro tutta la vita che puoi, arricchendola di momenti ed emozioni. Vivi intensamente e mettici sempre l'anima e il cuore. La caricherai di fresche emozioni, aggiungendo nuovi attimi di vita alla vita.

Spargi atti di gentilezza dove nessuno se li aspetta, fai le cose con amore e prenditi cura soprattutto delle piccole perché un giorno ti renderai conto che sono grandi, fai diventare grandi le persone che incroci sul tuo cammino e falle sentire speciali riconoscendone la loro unicità e sii riconoscente per questo.

Loro lo percepiranno e ti restituiranno gratitudine e benessere. Cura e valorizza ogni dettaglio per la vita che è fatta di istanti, opera meraviglie, ama a prescindere e anche senza permesso. La Vita ti ringrazierà.

E il dolore? Come si affrontano le cose brutte nella prospettiva dello *Smile Style*? Ogni problema o difficoltà ha in sé la forza della svolta. Il dolore è positivo quando lo accetti e lo leggi come una spinta potente al cambiamento.

È un'occasione che ti offre la scelta: se andare oltre e trasformare il dolore in Amore oppure se restarne immerso fino a rimanerne sopraffatto, sedimentandolo in rancore e rabbia.

Questa però ti farà soffocare, mentre l'Amore ti aprirà le porte a nuovi orizzonti e più ampie possibilità di quante avresti mai immaginato e che, forse, senza quel dolore non avresti mai intrapreso.

Sarà opportuno dunque ringraziare anche quelle cose che non ti hanno reso felice, ma che ti porteranno a campi di gioie ancora più magnifici e mai ipotizzati.

La vita è un'eco e il nostro interlocutore più importante è fatto di energia d'Amore: è l'Intelligenza della Creazione. La migliore alleata, tifa per noi e non vede l'ora di renderci felici e rispondere alla nostra chiamata.

Allora inviamogli spesso segnali di gioia e richieste fatte con entusiasmo, fiduciosi che presto ci arriveranno perché dichiarare un desiderio è come fare un'ordinazione presso una gigantesca ditta di spedizione chiamata Universo o, come dico io, Intelligenza d'Amore.

Fai che il tuo sorriso e l'amore con cui nutri il tuo cuore siano una roccia e una luce forte e costante. Amare e ridere siano il tuo scoglio in mezzo alla tempesta della vita e amare dal ridere diventino i fari che illuminano la notte ai naviganti che hanno perso la rotta della felicità.

Ama e ridi e, anche senza intenzione, lascerai un segno in chi incontri. Gli insegnerai che la vita di ciascuno, esattamente come è, è la migliore che ci potesse capitare, ma a una condizione: quella di imparare a portarla addosso come il nostro più bell'abito, e ne daremo sfoggio indossando gratitudine e stupore, che sono il tessuto prezioso della Felicità.

Vivi semplice e vivi *smile* con il Metodo *Smile Style*!

Sintesi

Grazie a te che leggi, per essere giunto alla conclusione del mio scritto, di cui voglio donarti una sintesi essenziale. Di cosa ti ho parlato in questo libro? Della mia storia fatta di tante cadute, ma illuminate e benedette ogni volta che sono riuscita a rialzarmi ancora più forte e felice di prima.

I miei ingredienti magici? L'Amore e il Sorriso. Il primo dotato del potere più grande che esista, in grado di compiere miracoli, il secondo carico di un'energia incredibile, che carica, pulisce e manda via lo stress e le paure. Insieme sono la miccia di una formula magica.

Dopo averti spiegato il messaggio contenuto nel titolo, portandoti per mano nella mia storia, ho voluto donarti un vero e proprio metodo, che ho ideato giorno dopo giorno, per uscire dai tunnel bui che spesso la vita ci riserva.

Un metodo che potrà diventare il tuo abito e quindi il tuo

inconfondibile stile e che potrebbe diventare lo strumento con cui "risolvere" al meglio le difficoltà quotidiane.

Sarei orgogliosa se queste mie riflessioni potessero essere per te quelle *caramelle 'deliziose'* da tenere in tasca all'occorrenza, da usare come tecniche di *problem solving*, ma in modalità sorriso e quindi mi diverte coniare una singolare definizione per indicare il mio metodo, che rispecchia un approccio da *problem smiling*.

Ho raccontato il mio percorso e le mie scoperte, fatte da me in prima persona e per questo reali e applicabili. Io stessa le pratico ogni giorno. Ho deciso di donarle a chi passeggerà tra le mie pagine con l'augurio che siano spunti da cui trarre ulteriori rivelazioni a titolo personale, di cui se vorrai potrai raccontarmi scrivendomi anche privatamente.

Cosa hai trovato in questo libro? I doni delle mie sofferenze che mi hanno resa migliore di prima. E te ne ho parlato attraverso "segreti" ed esercizi pratici, le mie ***Delizie***, che ormai pratico costantemente e per questo ho potuto definirle come una metodologia di approccio alla vita. Per assimilarle però dovrai esercitarti.

Si tratta di un fitness felice di allenamento al benessere emozionale per costruire una vita felice in ogni momento e proiettata nella gioia e verso il successo che è lasciare il proprio segno di stile gentile e amorevole in chi incontriamo e nelle situazioni che viviamo, anche ribaltando il punto di vista e colorare di rosa una giornata iniziata a tinte grigie.

Amare dal Ridere è Guarire perché chi ti sorride ti sta insegnando cos'è l'amore, che è il potere più grande dell'Universo. Ripercorriamo brevemente ciascun capitolo.

Come ridere senza un motivo e perché.
• Il mio trucco invisibile sta nella magia della risata. Allenati a ridere anche senza un motivo e presto il motivo arriverà! Già, perché quando attivi la risata "fisica" con un atto di volontà, il corpo produce i medesimi ormoni salutari di quando emetti una risata spontanea. Da qui è nata la terapia della risata, tecnica ormai diffusa nel mondo intero.

• Ridere è respirare ed è meditare: allenati ogni giorno a meditare con la risata e aprirai ed espanderai il tuo cuore, riconnettendoti alla tua Unità e ricomponendola, respirando l'Amore incondizionato dell'Universo intero.

Come connettersi all'energia dell'Amore.

• Scopri il potere dell'Amore disinteressato e totale.

• Vuoi riprendere in mano la tua vita e darle un senso rivoluzionario quanto travolgente, ma motivante? Riparti da te e amati. Nel dubbio, ama tu per primo, sia le situazioni che le persone. Ne riceverai doni immensi e inaspettati perché l'amore che emanerai tornerà a te in molteplici e diversificate forme.

• Ama e sii gentile sempre, anche senza una ragione. Perdona sempre, tutto e tutti e soprattutto te stesso per primo.

• Pratica la gratitudine e ringrazia ogni cosa, dalla più piccola, persino a ciò che apparentemente non sembra a tuo favore, anzi allenati a scoprire i doni che si nascondono dentro apparenti ostacoli. È dalle crepe che entra la luce.

Come giocare a "la Felicità"

• Torna a giocare con la vita in "modalità felice", ricordandoti come facevi quando eri bambino.

• Ricordati che ti devi divertire quando fai qualunque cosa. La vita diventerà meravigliosa. Ascolta la musica, muoviti ogni volta che puoi, salta, balla, canta. Fai ogni cosa come un gioco.

• Stupisciti, sii curioso. Guarda le cose con la freschezza degli occhi di un bambino. Meravigliati, scopri, apprezza e lascia andare.

• Sii affettuoso ed espansivo senza aspettarti niente in cambio.

• Vivi il momento presente senza pensieri e concentrati su di esso, dilatando il tempo e godendotelo in pieno.

• Scegli sempre il bello e il buono e fanne i tuoi abiti emozionali. Diventeranno il tuo stile gentile e vincente che conquisterà e che tutti vorranno emulare.

Come vivere "semplice"

• Semplifica ogni cosa e vivrai una vita libera dai pesi inutili.

• Allo stesso modo togli la forza "mentale" alle tue paure e, se una cosa ti spaventa, falla e basta! Buttati a capofitto nella vita e tutto si semplificherà come per magia.

• Ribalta la paura e fai che si trasformi nella leva del tuo coraggio. Lo stesso fai nelle situazioni e relazioni: se manca qualcosa nella tua vita, donala tu per primo.

• Sgombererai così il campo dal bruciare energie in aspettative o nel rimuginare e non avrai più bisogno dell'approvazione altrui. La tua sicurezza verrà da te e non dipenderà dal giudizio degli altri.

Come scegliere la via "morbida"

• Diventa duttile e adattati al cambiamento: scoprirai il potere della resilienza.

• *Amare dal Ridere* è essere resilienti, è riscrivere il passato e benedirlo.

• Tutto è energia quindi allena il pensiero positivo e torneranno a te altrettante persone e situazioni dalle vibrazioni alte e prospere.

• *Amare dal Ridere* è edificare il tuo successo gentile.

• Partecipa felice al gioco della vita con leggerezza e divertiti a disegnare la meraviglia che sei, con la bacchetta magica dello *Smile Style,* con il sorriso del cuore e l'amore gratuito e senza condizioni.

Mi complimento con te per essere giunto al termine del mio scritto! Mi farebbe piacere conoscere la tua opinione e, se vuoi, scrivimi una recensione positiva su Amazon. Puoi anche seguirmi sui social, sarò felice di condividere con te le mie idee (https://www.facebook.com/stefania.soldati.5 e https://www.facebook.com/stefaniasoldatiautorebestseller).

Se le gradirai, mi avrai fatto il regalo più bello: quello di esserti stata di aiuto.

Come si fa con un amico, voglio darti anche il mio recapito mail, qualora desiderassi contattarmi personalmente (soletienne@hotmail.com), perché mi auguro tanto che le mie parole siano di conforto e impulso a chi mi leggerà.

Buona vita *smile*!

Bonus:

Caramelle 'Deliziose' di Smile Style

Voglio regalarti amorevoli suggerimenti basati sul Metodo, che potrai portare con te e farne uso all'occorrenza. Una sorta di dolci *bon bon*, adatti a ogni occasione.

1.　　Sii tenero e affettuoso anche a caso. Entusiasmati per le piccole cose, che poi sono grandi. Spargi allegria a casaccio, la legge di attrazione ti porterà le persone giuste. Tu però cerca sempre il bello in ogni cosa, anche in ciò che non lo sembra, e fidati che poi la vita si farà viva con evidenti segni di Amore.

2.　　Vivi con semplicità, ma pensa sempre in grande, dando forma ai tuoi sogni.

3.　　Pensa positivo e sii positivo sempre e a qualunque costo, l'Universo ti darà ragione. *Gira il viso verso il sole e le ombre cadranno dietro di te* (Proverbio Maori).

4.   Hai solo un dovere: di splendere sempre! Allora ama e ridi e sarai come un Sole, che è felice di donare luce senza riserve e tutti noi lo amiamo.

5.   Metti tutta la vita che puoi in ogni cosa che fai e vedrai che la vita stessa si farà viva, ti sosterrà e ti festeggerà con grandi segni!

6.   Scegli sempre la vita e mostra a tutti il capolavoro che sei, quindi ridi spesso e ama anche senza un perché. Il motivo arriverà!

7.   Il successo ruota intorno alla felicità, non il contrario. Questa è la legge di attrazione.

8.   Un sorriso scalda il cuore e allevia la mente: donati e sorridi più spesso, ne hanno tutti un gran bisogno, tu per primo!

9.   Fai come i bambini: ama senza chiedere il permesso, ridi come se nessuno ti ascoltasse, divertiti anche senza una ragione, ma soprattutto metti tanta vita nella vita!

10.   Quando non ti senti bene o sei triste ricorda che non è il fisico che sta male, ma il cuore ed è proprio in lui che potrai trovare il più grande farmaco: l'Amore. La salute non sempre deriva dalla medicina, molto spesso arriva dalla serenità e dalla gioia. Dalla mente, dal cuore, dall'anima. Soprattutto viene dalle risate e dall'amore.

Allora ama oltre ogni logica e con un cuore che non bada a spese. Farai gioire la tua anima e coltiverai felicità, perché amare è ritrovarsi a sorridere all'improvviso, ridere è amare senza aspettare il consenso e respirare gocce di vita pura che attrae e crea miracoli.

11.   Non stancarti mai di sorridere perché il sorriso è già una vittoria! È un passaporto per la gioia.

La vita è sogno, allora ridi e ama e lo attrarrai. La vita è danza, allora ridi e ama e la ballerai anche sotto una tempesta. La vita è energia e amore, allora ridi e ama e così la onorerai e festeggerai ogni istante.

È passando attraverso la porta stretta della vita, che ho scoperto la magia che tutti già possediamo dentro e non lo sappiamo. In queste pagine ti ho donato me stessa per consegnarti il mio segreto della felicità.

Allora il mio augurio per te è quello che tu possa, più che mai, ...**Amare** (così tanto fino a non riuscire più a trattenerti) **dal Ridere**!

Stefania

Ringraziamenti

Nessuno vince da solo e se ho vinto le mie battaglie è anche grazie alle splendide persone che ho intorno e che tifano per me. Primi, fra tutti, i miei genitori, Michela e Luigi che, attraverso modelli di vita opposti quanto degni di un capolavoro musicale di *contrappunto a canone inverso* (dettato dai vostri caratteri agli antipodi), mi avete indicato che la vera direzione è una sola: quella di credere in me stessa.

Un grazie speciale va al mio eccezionale carpentiere tutto-fare, Victoras Latu, che mentre dipingevi la mia casa meglio di Michelangelo, mi ricordavi cos'è la vita. Ogni tua parola, ricca di sentimenti per la famiglia lontana e di ironia verso un'esistenza che spesso è diversa da come ce l'eravamo immaginata, è stata più preziosa dei miei studi accademici.

Tramite te ho frequentato l'Università della Vita. Le tue lezioni di saggezza autentica, condita sempre di esilarante comicità, sono state linfa vitale per il mio cammino.

Grazie al mio *sherpa* (come tu stesso ami definirti) Richard Romagnoli e alla geniale Sara Perotti: siete un esempio unico e fondamentale, per il vostro smisurato prodigarvi, con amore incondizionato e profondità di spirito, nel guidare chi incontrate, verso la strada del sorriso e della gioia.

Siete la mia guida verso la felicità vera, quella che nasce da dentro e che si nutre di piccole cose, ma fatte di gesti quotidiani e concreti. Chi vi conosce è fortunato, chi è curioso di farlo può regalare a sé stesso la sua più grande opportunità (www.richardromagnoli.com).

Grazie alla mia ineguagliabile e insostituibile *buddy* di risate, Gabriella Trevisiol, l'incontro con la tua meravigliosa anima ridente, che emette sconfinata luce di sentimenti puri e incondizionati, ha cambiato la mia vita, riempiendola di energia e colore, soprattutto insegnandomi cosa vuol dire donarsi al mondo senza riserve. Sei la mia più incredibile Maestra di Gioia e Amore Puro.

Grazie alla mia Musa ispiratrice, Fabio Cerchio, perché con il tuo atteggiamento disarmantemente allegro mi hai insegnato che una Risata può diventare la chiave magica che apre ogni cuore, anche il più blindato, spalancando le porte delle paure più antiche e radicate, delle diffidenze, di quei dolori che teniamo ben nascosti.

Grazie per le nostre risate a crepapelle, con cui mi fai ricordare che la vita è proprio bella, ma a condizione che continuiamo a vederla ancora con gli occhi di quel *bambino* che tutti siamo stati, conservando quell'allegria e leggerezza, tanto magicamente risolutive.

Rappresenti per me l'insuperabile *personal trainer* della risata, perché quando ridi, ride ogni tua cellula e così riesci a farmi spuntare il sorriso anche nelle situazioni più inaspettate. Ridere insieme a te è esilarante e contagioso ed è per me la migliore medicina!

Grazie al mio incredibile medico, il dottor Adnan Abu Samra, che con rara professionalità ha curato il mio corpo e, con immensa umanità, ha lenito il mio Spirito: io La benedico a ogni respiro che emetto.

Grazie all'amorevole, generoso e preparatissimo staff di tutto il personale medico e sanitario della clinica Villa Fiorita di Capua, con particolare riguardo alla dottoressa Rosalba Gallo e alla dottoressa Dorota Szlendak e soprattutto ai miei angeli custodi con le mani, nelle persone di Mena Cocco, Angelica Concas, Anna Longobardo, Giovanna Pompella, Cristina Ragozzino, Luca Raucci, Eva Tavini, alla mia preziosa vicina e cara amica Ornella Iorio e al premuroso autista Mario Mazzarella, oltre che a Claudio Cecere per la splendida accoglienza alla Red-Home.

Grazie all'esperta farmacista dottoressa Giada Tocci, sempre generosa di proficui consigli.

Grazie all'illuminante Rosalia M., la cui inaspettata, quanto preziosa e amabile, vicinanza di spirito è sempre per me insostituibile punto di riferimento.

Grazie alla dottoressa Patrizia Frittelli dell'ospedale Fatebenefratelli San Giovanni Calibita all'Isola Tiberina, che con speciale professionalità e umanità ha sostenuto ogni fase del mio impegnativo percorso oncologico e chirurgico. Grazie a Romina

Adinolfi, anello prezioso di questa conoscenza che ha portato alla mia piena guarigione.

Un grazie particolare lo devo a chi più di tutti ha creduto in me e nelle mie idee, permettendomi di dare vita a questo libro: Giacomo Bruno Editore, senza il quale il mio Metodo sarebbe rimasto un fiore mai sbocciato.

Sono grata e felice che quel piccolo germoglio dentro di me, ora possa raggiungere e magari toccare il cuore di più persone possibili, arricchendone il loro giardino emozionale.

Grazie alla maestria e allo stile, premuroso e umano, di Roberto Bizzarri, che ha seguito con garbatissima attenzione il mio intero percorso, sostenendolo fino alla revisione finale, curata e decisiva per la pubblicazione.

Ringrazio anche tutti quelli che mi hanno ostacolata, facendo di tutto perché io non credessi più in me stessa, perché grazie a loro ho spostato il mio traguardo più in avanti.

È proprio in risposta ai loro tentativi di frenarmi, che ho puntato più in alto, spingendo con ancora più grinta il pedale dell'acceleratore, riuscendo così a superare senza tentennamenti la misura di quella Stefania che loro volevano rimanesse arenata e che oggi è invece diventata la mia versione migliore.

E ringrazio soprattutto me stessa, per aver compiuto il cammino più difficile, quello dentro il mio Cuore.

Rivolgo infine il mio più sincero grazie a te, mio lettore, e alla tua nuova risata "consapevole"! Sarò felice se avrò sparso su di te la mia polvere magica del sorriso e dell'amore, con cui ti auguro di tornare a vedere la luce radiosa del Creato e la bellezza della Divinità che racchiudi in te e non lo sai, o forse te lo hanno fatto dimenticare.

Se le mie pagine ti hanno fatto risuonare buone emozioni, sarò lieta se divulgherai la tua opinione positiva su questo libro, affinché anche altri lettori possano conoscere la mia profonda crescita di consapevolezza nella direzione del buonumore e a vantaggio di tutti, sempre in "modalità" *Smile Syle*.

Biografia

Stefania Soldati è nata a Roma da una famiglia per metà meridionale e per la restante metà dalle lontane origini settentrionali di matrice storica svizzera.

Laureata in Pianoforte al Conservatorio di Santa Cecilia e dottoressa in Lettere Moderne e poi anche in Scienze della Conservazione dei Beni Culturali – con una tesi sperimentale sui Beni Musicali, pratica fin da piccola (il suo primo concerto televisivo e satellitare risale all'età di 6 anni) ogni forma d'arte e comunicazione, dalla ginnastica artistica, alla danza, alla chitarra classica e poi al pianoforte e, crescendo, al canto sia gregoriano che polifonico, classico e *gospel*, alla storia dell'arte e della letteratura.

Docente di Lettere e di Educazione Musicale, sia alle scuole medie che superiori, è stata nominata cultore di Storia della Tradizione Manoscritta presso l'Università Sapienza di Roma.

Giornalista e regista radiofonica, ha pubblicato diversi manuali e monografie storico-musicologiche scientifiche.

Dal campo artistico e umanistico è approdata al settore della formazione, conseguendo numerosi master in Programmazione Neuro Linguistica (Richard Bandler, Owen Fitzpatrick, T. Harv Eker) fino a ottenere il profilo di *life coach*.

Lo studio della Fisica Quantistica l'ha condotta alla scoperta delle Scienze Olistiche, di cui attualmente si occupa e che ha approfondito con certificazioni in Psych-K, Canalizzazioni Energetiche, *Theta Healing*, Meditazione e Visualizzazione Guidata per il Benessere e la Guarigione, Set e Eft Integrata, Lettura dei Registri Akashici, Mindfulness, Sofrologia.

Il fascino del pensiero positivo (da cui è attratta per carattere), costruito come integrazione mente-corpo, soprattutto nei processi di auto-aiuto, l'ha portata a scoprire la Risata Terapeutica, che pratica costantemente dal 2017.

Se la musica rappresenta per lei la più felice forma di

comunicazione e condivisione, a quest'arte adesso affianca, in parallelo, la sua idea del "Sorriso Consapevole", per la co-creazione di energie di benessere. Da qui scaturisce il suo metodo semplice e pratico, che ha chiamato *Smile Style* con il presagio di rispecchiare un vero e proprio stile di vita, "morbido" e vincente insieme.

Bibliografia

BANDLER Richard, *Vivi la vita che desideri con la Pnl*, Urgnano (BG), Alessio Roberti Editore, 2012.

BYRNE Rhonda, *The Magic*, Milano, Mondadori, 2012.

BYRNE Rhonda, *The Power*, Milano, Mondadori, 2011.

FANELLI Vincenzo, *La Mente Quantica*, Cesena, Macro Edizioni, 2015.

GARCIA Hector-MIRALLES Francesc, *Il Metodo Ikigai*, Milano, Rizzoli, 2018.

GILL Mel, *The Meta Secret. Oltre il segreto*, Milano, Tea, 2010.

HALL Kevin, *Aspira al Top*, Milano, Sangiovanni's srl, 2011.

HAY Louise, *Puoi guarire la tua vita*, Rimini, My Life, 2015.

LIPTON Bruce, *La biologia delle credenze. Come il pensiero influenza il Dna e ogni cellula*, Cesena, Macro Edizioni, 2006.

LUMERA Daniel, *I 7 passi del perdono*, Cesena, Bis Edizioni, 2013.

MARCHESI Fabio, *Entusiasmologia*, Milano, Tecniche Nuove, 2012.

MARCHESI Fabio, *GRAZIE. La Tecnica del Campo G.I.A.,*

Cesena, Bis Edizioni, 2011.

MAURER Robert, *Un piccolo passo può cambiarti la vita. Il metodo Kaizen applicato alla vita di tutti i giorni*, Milano, Vallardi, 2013.

QUINN Gary, *31 Giorni per il successo*, Cervia (RA), Eifis Editore, 2017.

ROBBINS Anthony, *Passi da gigante*, Roma, Hi-Performance, 2011.

ROMAGNOLI Richard, *Workshock*, Cervia (Ra), Eifis Editore, 2016.

TOLLE Eckhart, *Il Potere di Adesso*, Rimini, My Life, 2013.

VIO Bebe, *Se sembra impossibile allora si può fare*, Milano, Rizzoli, 2017.

VITALE Joe, *Istruzioni mancanti sulla vita*, Vicenza, Edizioni Il Punto d'Incontro, 2012.

WHITELAW SMITH Karen, *L'esperienza della Farfalla*, Milano, Armenia, 2009.

WIKING Meik, *Hygge. La via danese alla felicità*, Milano, Mondadori, 2017.

WISEMAN Richard, *Fattore fortuna*, Venezia, Sonzogno Editore, 2003.

Sitografia

- RICHARD ROMAGNOLI: **www.richardromagnoli.com**.

- MYLIFE: **https://www.mylife.it**.